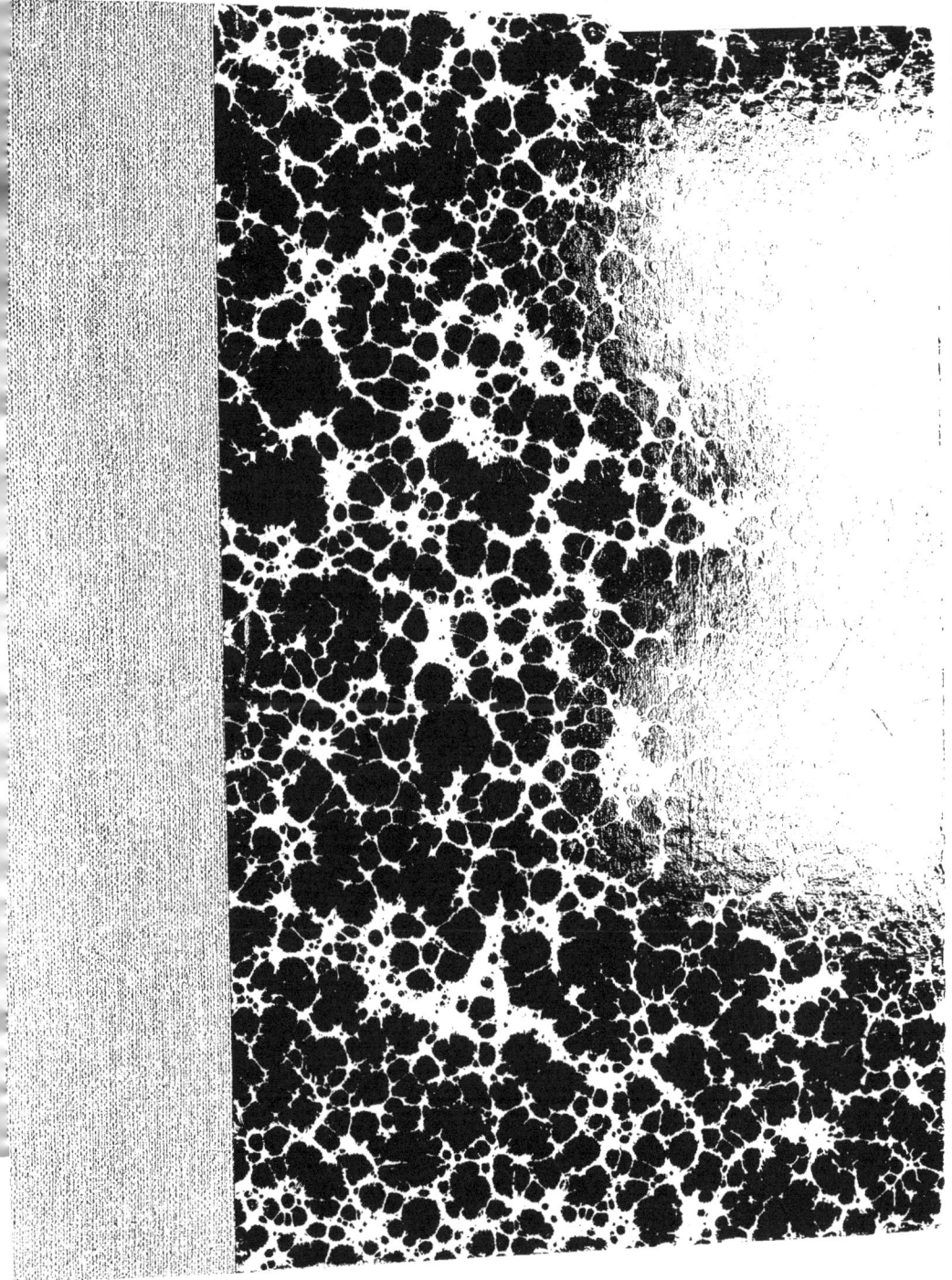

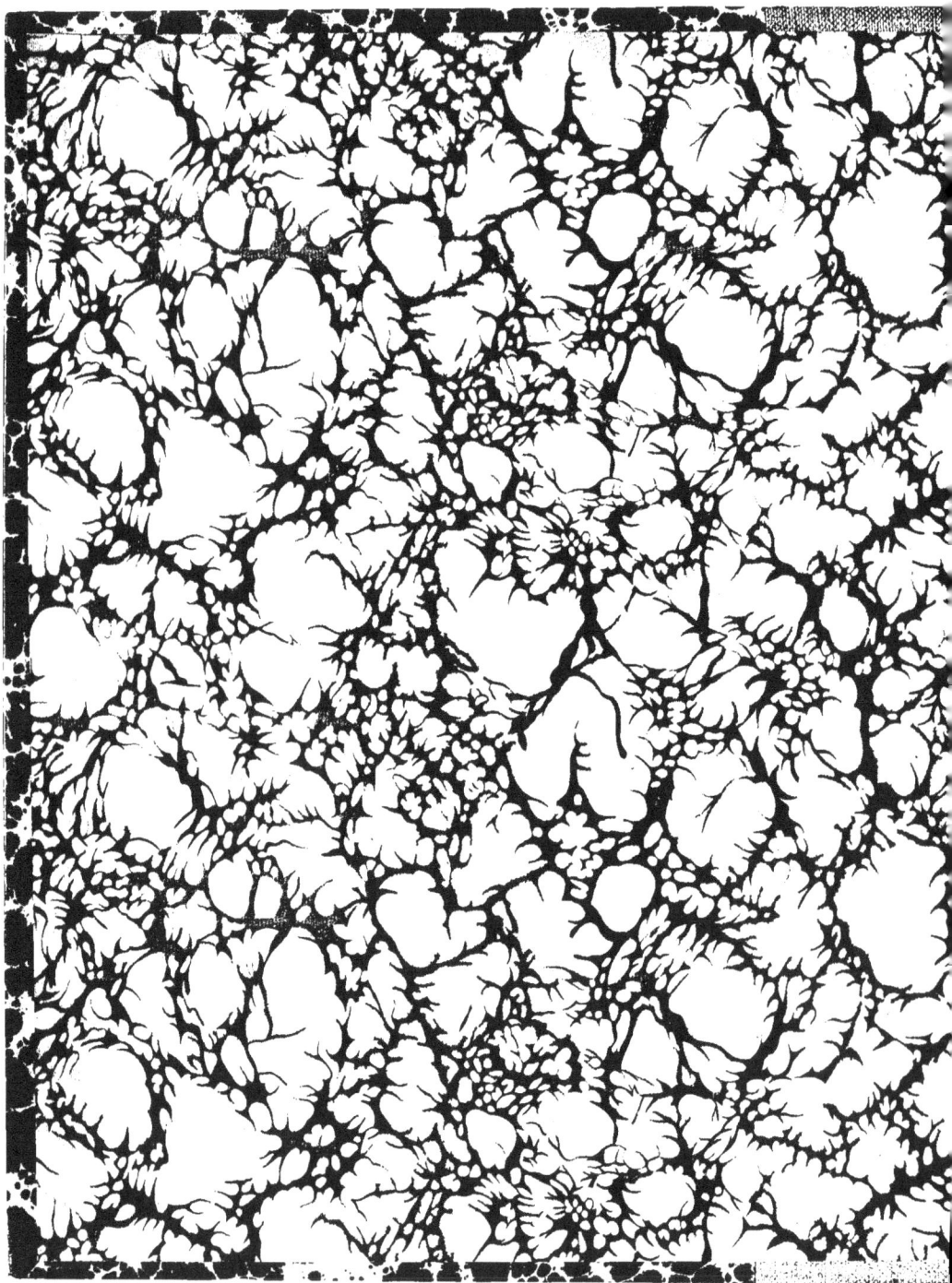

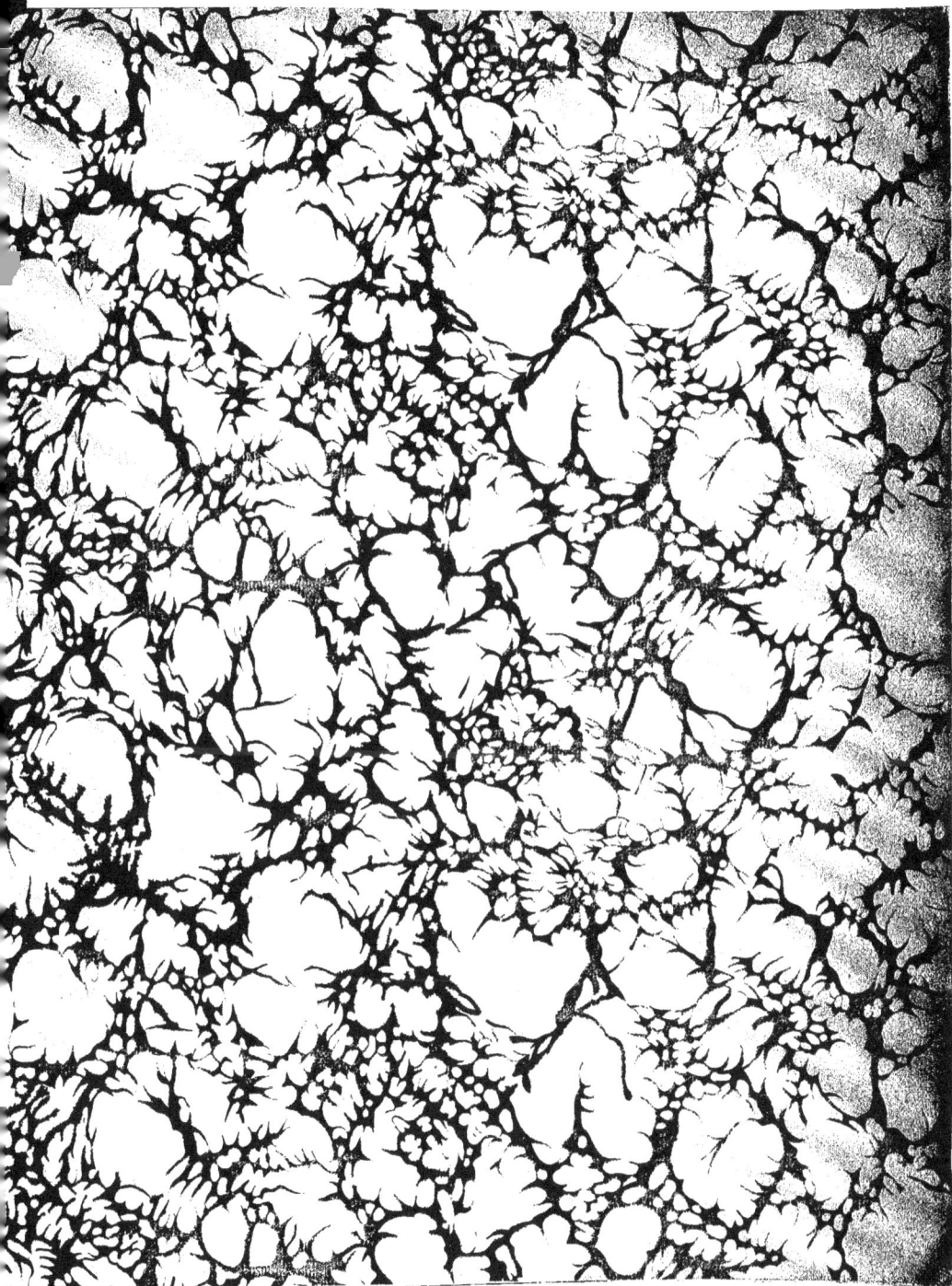

MAGDELAINE

OUVRAGE PUBLIÉ SOUS LES AUSPICES DU MINISTÈRE DE L'INSTRUCTION PUBLIQUE

SOUS LA DIRECTION DE

L. JOUBIN, Professeur au Muséum d'Histoire Naturelle

EXPÉDITION

ANTARCTIQUE FRANÇAISE

(1903-1905)

COMMANDÉE PAR LE

Dr Jean CHARCOT

SCIENCES NATURELLES : DOCUMENTS SCIENTIFIQUES

VERS

Annélides polychètes	Polyclades et Triclades maricoles
PAR	Par PAUL HALLEZ
CH. GRAVIER	Professeur à l'Université de Lille.
Assistant au Muséum d'Histoire naturelle	

Némathelminthes parasites

PAR

A. RAILLIET, Professeur et A. HENRY, Préparateur,
à l'École Vétérinaire d'Alfort.

PARIS

MASSON ET Cie, ÉDITEURS

120, Boulevard Saint-Germain, 120

11

EXPÉDITION ANTARCTIQUE FRANÇAISE
(1903-1905)

Fascicules publiés

Expédition Antarctique Française

(1903-1905)

Dr Jean CHARCOT

CARTE DES RÉGIONS PARCOURUES ET RELEVÉES

PAR L'EXPÉDITION ANTARCTIQUE FRANÇAISE

Membres de l'État-Major :

Jean CHARCOT — A. MATHA — J. REY — P. PLÉNEAU — J. TURQUET — E. GOURDON

OUVRAGE PUBLIÉ SOUS LES AUSPICES DU MINISTÈRE DE L'INSTRUCTION PUBLIQUE

SOUS LA DIRECTION DE

L. JOUBIN, Professeur au Muséum d'Histoire Naturelle

EXPÉDITION
ANTARCTIQUE FRANÇAISE

(1903-1905)

COMMANDÉE PAR LE

Dr Jean CHARCOT

SCIENCES NATURELLES : DOCUMENTS SCIENTIFIQUES

VERS

Annélides polychètes

PAR

CH. GRAVIER
Assistant au Muséum d'Histoire naturelle

Polyclades et Triclades maricoles

Par PAUL HALLEZ
Professeur à l'Université de Lille.

Némathelminthes parasites

PAR

A. RAILLIET, Professeur **et A. HENRY,** Préparateur,
à l'École Vétérinaire d'Alfort.

PARIS
MASSON ET Cie, ÉDITEURS
120, Boulevard Saint-Germain, 120

LISTE DES COLLABORATEURS

Les mémoires précédés d'un astérisque sont publiés.

ANNÉLIDES POLYCHÈTES

Par CH. GRAVIER

Les Annélides Polychètes provenant de la Mission antarctique française ont été recueillies par M. le D' Turquet, à l'île Booth Wandel, à la baie des Flandres, à l'île Wiencke, à la baie Biscoe, situées à des latitudes qui ne s'écartent guère du 65° degré ; presque toutes ont été draguées à des profondeurs ne dépassant pas 40 mètres.

Bien que le nombre des espèces ne soit pas considérable, un intérêt tout spécial s'attache à cette collection, à cause de la partie du globe encore si mal connue aujourd'hui d'où elle a été rapportée.

Parmi les 36 espèces, 15 sont nouvelles ; les 21 autres déjà connues vivent dans l'hémisphère austral ; quelques-unes parmi celles-ci s'avancent jusque dans les mers septentrionales de l'Europe, mais bon nombre d'entre elles sont localisées dans la pointe extrême de l'Amérique du Sud.

Les 36 espèces ressortissent à 32 genres, dont un nouveau, appartenant à 12 familles, comme l'indique le tableau suivant, dans lequel les noms des formes nouvelles sont en caractères italiques :

I. — Syllidiens.

Antolytus Charcoti nov. sp.	Grubea rhopalophora Ehlers.
Antolytus gibber Ehlers.	*Pionosyllis comosa* nov. sp.
Exogone Turqueti nov. sp.	Syllis brachycola Ehlers.
Sphærosyllis antarctica nov. sp.	Eusyllis Kerguelensis Mac Intosh.

Syllidé, forme épigame.

II. — Hésioniens.

Orseis Mathai nov. sp.

III. — Phyllodociens.

Eulalia magalhaensis Kinberg.	*Eteone Reyi* nov. sp.
— subulifera Ehlers.	

IV. — Néréidiens.

Nereis (Platynereis) magalhaensis Kinberg.   Nereis Kerguelensis Mac Intosh.

V. — Euniciens.

Lumbriconereis magalhaensis Kinberg.

VI. — Aphroditiens.

Polynoe (Enipo) antarctica Kinberg.   Harmothoe spinosa Kinberg.
Harmothoe hirsuta Johnson.

VII. — Amphinomiens.

Euphrosyne notialis Ehlers.

VIII. — Flabelligériens.

Flabelligera Gourdoni nov. sp.   *Flabelligera mundata* nov. sp.

IX. Maldaniens.

Rhodine antarctica nov. sp.   Petaloproctus sp.?
Leiochone singularis nov. sp.

X. — Ampharétiens.

Ampharete patagonica Kinberg.

XI. — Térébelliens.

Terebella (Leprea) Ehlersi nov. sp.   Thelepus spectabilis Verrill.
Lexna Wandelensis nov. sp.   *Polycirrus insignis* nov. sp.
Pista cristata O.-F. Müller.   *Lysilla Mac Intoshi* nov. sp.

XII. — Serpuliens.

Potamilla antarctica nov. sp.   Spirorbis Perrieri Caullery et Mesnil.
Serpula vermicularis L.   *Helicosiphon* nov. g. *biscoeensis* nov. sp.

Dans un mémoire de haute importance paru en 1901, Ehlers (1) a décrit les Polychètes récoltés par Michaelsen (1892-1893), par l'Expédition suédoise Nordenskjöld (1895, 1897), dans la région de Magellan, et par Plate dans la même contrée, ainsi que sur les côtes du Chili et à l'île Juan Fernandez. Utilisant les travaux de ses devanciers, notamment ceux de Grube, de Schmarda, de Kinberg et de Mac Intosh, il a fait l'inventaire complet des espèces d'Annélides Polychètes actuellement connues

---

(1) E. EHLERS, Die Polychæten des magellanischen und chilenischen Strandes (*Ein faunisticher Versuch*, Berlin, 1901, 232 p., 25 Pl.).

sur le littoral de l'Amérique du Sud. Cet auteur prend le canal Smith, situé au voisinage immédiat du 48ᵉ degré de latitude sud, comme limite entre la côte chilienne et la terre de Magellan (1) ; celle-ci comprend, à l'ouest, toute la côte jusqu'au cap Horn, avec les très nombreuses îles dont elle est bordée, et, à l'est, toute la côte patagonique jusqu'à Puerto-Madryn exclusivement. Dans la région magellanique ainsi comprise, Ehlers signale 136 espèces appartenant à 84 genres rangés dans 23 familles. Les données et les considérations qui précèdent suscitent plusieurs observations.

I. Dans la région magellanique, telle que la définit Ehlers, le nombre des genres (84) est environ les 60 p. 100 de celui des espèces (136) ; cette proportion considérable de genres s'accuse davantage dans la collection de l'Antarctique de l'Expédition française, car elle s'élève à 90 p. 100 environ, 32 genres pour 36 espèces. Dans l'état actuel de nos connaissances, tout se passe comme si les divers genres de Polychètes se trouvaient réduits, à mesure qu'on descend vers le sud, à un très petit nombre de formes plus robustes ou plus plastiques, qui se seraient adaptées aux conditions spéciales de l'existence dans les eaux froides de l'Antarctique.

II. Onze des familles de Polychètes, vivant sur les côtes de la pointe sud de l'Amérique, n'ont aucun représentant dans la collection de l'expédition antarctique française. Ce sont les Nephthydiens, les Glycériens, les Spionidiens, les Ariciens, les Ophéliens, les Arénicoliens, les Scalibregmiens, les Chétoptériens, les Capitelliens, les Sabellariens et les Amphicténiens. Il est probable que de nouvelles recherches viendront combler une partie de ces lacunes ; certaines de ces familles, comme les

(1) Parmi les naturalistes qui ont essayé de préciser les contours de la région antarctique, les uns ont choisi une limite purement géodésique : Dollo (*Résultats du Voyage du « S. Y. Belgica » en 1897-1898-1899*, sous le commandement de A. de Gerlache de Gomery, Zoologie, Poissons, 1904), par exemple, a proposé dans ce but le Cercle polaire antarctique ; les autres ont adopté des parallèles correspondant à certains isothermes : ainsi Lönnberg (*The Fishes of the Swedish South Polar Expedition, swedischen südpolar Expedition 1901-1903, unter Leitung von Dʳ Otto Nordenksjöld*, Bd. V, Lief. 6, 1905) s'est arrêté à une limite voisine du 61ᵉ degré de latitude sud, qui coïncide avec la ligne isotherme de 0° C. Quant aux divisions de la région antarctique en sous-régions, qu'elles aient pour base des parallèles liées à certains isothermes, ou des méridiens (0°, 90°, 180°), elles sont tout aussi arbitraires que les précédentes et n'ont aucun intérêt pour le sujet traité ici.

Glycériens, par exemple, comptent un assez grand nombre d'espèces dans la terre de Magellan.

En revanche, les Hésioniens, qui n'ont jamais été trouvés jusqu'ici sur le littoral de l'extrémité sud de l'Amérique, figurent parmi les formes vivant dans l'Antarctique ; un type nouveau de cette famille, appartenant au genre *Orseis*, qui ne compte qu'une seule espèce, découverte dans l'Adriatique par Ehlers, a été dragué au Port Charcot, à une profondeur de 40 mètres.

En dehors du genre nouveau de Serpulien *Helicosiphon*, six autres genres de la collection rapportée par l'Expédition antarctique française n'ont aucun représentant actuellement connu sur les côtes magellanique et chilienne ; ce sont les genres : *Pionosyllis* Malmgren, parmi les Syllidiens ; *Rhodine* Malmgren, *Leiochone* Grube et *Petaloproctus* de Quatrefages, parmi les Maldaniens ; *Lysilla* Malmgren, parmi les Térébelliens, et *Potamilla* Malmgren, parmi les Serpuliens (Sabellides).

III. Les diverses familles d'Annélides Polychètes sont fort inégalement représentées dans la collection rassemblée par le D' Turquet. Les deux groupes prédominants sont les Syllidiens avec 7 genres et 9 espèces et les Térébelliens avec 6 genres et 6 espèces. Il n'est pas sans intérêt de remarquer que la même particularité se retrouve dans la faune magellanique. Ehlers mentionne l'existence, sur les côtes de Magellan, de 18 espèces de Syllidiens et de 15 de Térébelliens. Par contre, les Euniciens, les Aphroditiens et les Néréidiens, si riches en formes variées dans l'Amérique du Sud, sont réduits à une ou deux espèces dans la collection rapportée par l'Expédition du D' Charcot.

On a fait observer, pour divers groupes d'animaux, que certaines formes atteignent des tailles exceptionnelles dans la région antarctique, et aussi que le nombre considérable des individus y contraste avec celui des espèces. Ni l'une ni l'autre de ces remarques ne paraissent s'appliquer aux Annélides Polychètes. D'une part, aucune des espèces étudiées dans ce mémoire ne présente de dimensions inusitées ; d'autre part, la plupart des espèces ne sont représentées que par un très petit nombre d'exemplaires.

IV. Parmi les espèces antérieurement connues et recueillies par l'Expédition française, les suivantes habitent aussi la région magellanique, la Géorgie du sud située à la même latitude, et les îles Malouines ou Falkland, un peu plus septentrionales que la précédente :

> Antolytus gibber Ehlers.
> Grubea rhopalophora Ehlers.
> Syllis brachycola Ehlers.
> Eulalia subulifera Ehlers.
> Lumbriconereis magalhaensis Kinberg.
> Harmathoe spinosa Kinberg.
> Euphrosyne notialis Ehlers.
> Ampharete patagonica Kinberg.
> Spirorbis Perrieri Caullery et Mesnil.

V. Trois espèces antarctiques existent également aux Kerguelen et aux îles Marion, situées à une latitude un peu plus septentrionale que celles-ci ; ce sont :

> Eusyllis kerguelensis Mac Intosh.
> Nereis kerguelensis Mac Intosh.
> Thelepus spectabilis Verrill.

Les îles Kerguelen et Marion sont d'ailleurs considérées par beaucoup d'auteurs comme faisant partie de la région subantarctique.

VI. Un Néréidien antarctique, le *Platynereis kerguelensis* Kinberg, s'étend beaucoup plus loin dans l'hémisphère sud, car on le connaît à la terre de Magellan, sur les côtes du Chili, du Pérou, de la Colombie et de l'autre côté, dans l'Atlantique, jusqu'à Fernando Noronha.

VII. Parmi les Aphroditiens antarctiques, une espèce, l'*Harmothoe hirsuta* Johnson, vit sur les côtes américaines, dans les deux hémisphères, puisqu'elle existe dans la région magellanique et qu'elle a été découverte sur les côtes de Californie.

VIII. Quelques espèces peuvent être considérées comme cosmopolites : telles sont, en particulier, la *Pista cristata* O.-F. Müller, qui vit dans l'Antarctique, sur les côtes de Magellan, dans l'Atlantique nord et dans la Méditerranée; la *Serpula vermicularis* L., qui a été recueillie dans les contrées antarctique et magellanique, aux îles Kerguelen et Marion, dans l'Océan Atlantique, dans les mers du Nord et dans la Méditerranée.

IX. Certaines espèces propres à la région antarctique ont des affinités très marquées pour des espèces purement boréales. Ainsi, par exemple, l'*Eteone Reyi* nov. sp. ressemble beaucoup à l'*Eteone Lilljeborgi*

Malmgren, des mers septentrionales ; de même, ainsi qu'Ehlers l'a fait justement remarquer, le *Polynoe (Enipo) antarctica* Kinberg présente des similitudes frappantes avec le *Polynoe (Enipo) Kinbergi* Malmgren, des mers du nord de l'Europe. Le même auteur a signalé l'analogie des faunes d'Annélides Polychètes des pointes de la côte sud de l'Amérique et des contrées arctiques, qui ne possèdent pas moins de 21 espèces communes, dont un certain nombre peuvent être regardées comme des formes littorales « bipolaires ».

Si on met à part les espèces répandues sur de plus ou moins vastes étendues du globe terrestre, et celles qui sont nouvelles, dont on ignore la distribution géographique, on voit qu'en somme la faune annélidienne de la région antarctique est en relation étroite avec celle de l'Amérique du Sud, dont certaines formes peuvent vivre dans des eaux à température très basse.

FAMILLE DES *SYLLIDIENS* Grube.

Dans la collection rapportée par l'Expédition antarctique française, la famille des Syllidiens tient une place très importante, puisqu'elle ne compte pas moins de 9 espèces, c'est-à-dire le quart du nombre total. Les quatre tribus : Exogonés, Eusyllidés, Syllidés et Antolytés, en lesquelles Malaquin (1) a divisé cette famille, s'y trouvent représentées ; mais la mieux partagée est incontestablement la première, dont les trois genres *Exogone* Œrsted, *Sphærosyllis* Claparède et *Grubea* de Quatrefages, ont actuellement chacun une espèce connue dans la région antarctique. A ces 9 espèces, correspondent 7 genres et peut-être 8, car il a été impossible de déterminer génériquement la forme épigame de Syllidé qui est décrite plus loin. Deux de ces espèces, l'*Eusyllis kerguelensis* Mac Intosh et l'*Autolytus gibber* Ehlers, ont une aire de dispersion très grande dans l'hémisphère austral ; deux autres sont connues dans la région magellanique ; les autres, enfin, sont nouvelles.

(1) A. Malaquin, Recherches sur les Syllidiens (*Mém. de la Soc. des Sciences et Arts de Lille*, 1893, 477 p., 14 Pl.).

Genre *AUTOLYTUS* Grube.

Autolytus Charcoti nov. sp. (1).
(Pl. I, fig. 1-2.)

Deux exemplaires de cette espèce ont été dragués dans le Port Charcot, à une profondeur de 40 mètres. Le seul qui soit entier a les dimensions suivantes : longueur, $6^{mm},45$; largeur (maxima dans la région moyenne du corps), $0^{mm},65$ pour le corps seul, $0^{mm},85$ y compris les parapodes; le nombre des segments sétigères est de 55. La face dorsale est ornée de bandes pigmentées transversales, surtout marquées dans la seconde moitié du corps.

Le prostomium (Pl. I, fig. 1) est plus large que long, un peu rétréci en arrière, à bords antérieur et postérieur convexes. Les trois antennes, presque cylindriques, s'effilant un peu dans la partie terminale, sont fort longues; la médiane, plus longue d'un tiers environ que les latérales, s'insère au centre du prostomium; les deux autres se fixent sur le bord antérieur de ce dernier. Les palpes, très réduits, sont invisibles dorsalement.

Des quatre yeux, dont la lentille est à peine discernable, les antérieurs sont un peu plus grands et plus éloignés du plan de symétrie que les postérieurs.

Les deux ailerons occipitaux s'écartent graduellement l'un de l'autre d'avant en arrière et s'étendent jusqu'au troisième sétigère.

Les cirres tentaculaires sont insérés plus bas que les cirres dorsaux des segments suivants; les dorsaux, beaucoup plus longs que les ventraux, sont un peu plus courts que les antennes latérales.

Les cirres dorsaux du second segment ou premier sétigère ont une longueur comparable à celle de l'antenne médiane; ceux des autres sétigères sont beaucoup plus courts; ils diminuent un peu et graduellement d'avant en arrière.

Les mamelons sétigères forment de chaque côté des saillies épaisses à profil arrondi ; chacun d'eux est soutenu par deux acicules contigus.

(1) Dédiée à M. le Dr Jean Charcot, chef de la Mission antarctique française.

Le cirre ventral manque comme chez les *Autolytés* en général (Pl. I, fig. 2).

Les soies sont de deux sortes : 1° la plupart d'entre elles, au nombre d'une dizaine par mamelon, sont composées (fig. 1, p. 8); la hampe, assez épaisse, plus ou moins recourbée, est renflée à sa partie supérieure, couverte de fortes stries qui correspondent à autant de denticules au sommet; l'article terminal est une serpe prolongée par une pointe fine et recourbée; une dent médiane très forte s'incurve vers la hampe; 2° à la partie supérieure du faisceau est une soie simple (fig. 2, p. 8), droite, légèrement infléchie au sommet, extrêmement fine.

Les cirres anaux sont cylindriques, relativement longs; leurs dimensions sont supérieures à celles des cirres dorsaux des segments postérieurs du corps.

La trompe n'est pas visible par transparence; pour l'étudier, il eût fallu sacrifier l'un des deux seuls exemplaires de cette espèce.

Cette forme antarctique (*Autolytus Charcoti* nov. sp.) se rapproche, à certains égards, de l'*Autolytus simplex* Ehlers (1); elle en diffère surtout par la longueur beaucoup plus grande des antennes, des cirres tentaculaires et des cirres dorsaux du premier sétigère. Cette disproportion entre les appendices du prostomium, des deux premiers segments et les cirres dorsaux des autres segments se retrouve chez d'autres espèces d'*Autolytus*, notamment chez l'*Autolytus ornatus* Marion et Bobretzky (2), de nos côtes françaises de la Manche et de la Méditerranée. Ehlers ne parle, au sujet de l'*Autolytus simplex*, ni d'épaulettes ciliées ni de soies aciculaires fines situées à la partie supérieure de chaque mamelon.

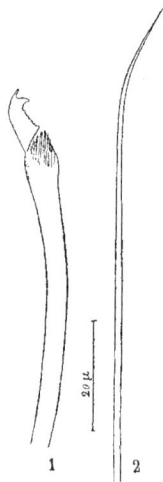

Fig. 1 et 2.

____

(1) E. Ehlers, Die Polychæten des magellanischen und chilenischen Strandes (*Ein faunistischer Versuch*, Berlin, Weidmannsche Buchhandlung, 1901, p. 97, Taf. X, fig. 5-8).

(2) A.-F. Marion et N. Bobretzky, Étude des Annélides du Golfe de Marseille (*Ann. des Sc. nat.*, *Zool.*, 6° série, t. II, 1875, p. 44, Pl. V, fig. 14, 14 A, B, C, D).

Autolytus gibber Ehlers.
(Pl. II, fig. 11.)

E. Ehlers. *Polychæten der hamburger magalhaensischen Sammelreise*, 1807, Hamburg, L. Friederichsen und C°, p. 55, Taf. III, fig. 71, 72.

Je rapporte avec quelque doute à cette espèce décrite par Ehlers un *Autolytus* entier, dont l'état de conservation est assez médiocre, car il a perdu ses antennes et une grande partie de ses cirres dorsaux. Cet exemplaire a été recueilli à une profondeur de 20 mètres dans le Port Charcot; il mesure 6 millimètres de longueur, $0^{mm},65$ dans sa plus grande largeur, vers le milieu du corps, et compte quarante-deux segments sétigères.

L'ensemble des caractères de l'espèce magellanique, notamment les bandes pigmentaires transversales de la face dorsale des segments, les lignes de ponctuation des cirres (Pl. II, fig. 11), se retrouvent exactement chez la forme antarctique; mais je ne distingue pas nettement le prolongement antérieur du premier sétigère, qui, ainsi que le mentionne Ehlers, rappelle celui qu'on observe chez les *Odontosyllis*, à un moindre degré chez les *Eusyllis*, et que j'ai signalé également chez les genres *Fauvelia* (1) et *Alluaudella* (2).

L'*Autolytus gibber* a été recueilli antérieurement au sud de la Terre de Feu (Beagle Channel, Lapateia nueva, Ushuaia) et à la Géorgie du Sud.

Genre *EXOGONE* Œrsted.

Exogone Turqueti nov. sp.
(Pl. I, fig. 3-8.)

Une trentaine d'exemplaires entiers ou incomplets de cette espèce ont été dragués à divers époques dans le Port Charcot, à des profondeurs comprises entre 20 et 40 mètres. L'un des exemplaires, intact, chargé de chaque côté d'un chapelet d'œufs ou de jeunes embryons, a 9 milli-

---

(1) Ch. Gravier, Sur un type nouveau de Syllidien, *Fauvelia* (nov. gen.) *martinensis* (nov. sp.) (*Bull. Mus. Hist. Nat.*, 1900, p. 374-374, 7 fig.).

(2) Ch. Gravier, Sur un genre nouveau de Syllidien, *Alluaudella* (nov. gen.) *madagascariensis* (nov. sp.) (*C. R. du VIe Congrès intern. de Zool.*, Berne, 1904, p. 372-376, 5 fig.).

mètres de longueur ; la largeur, presque uniforme, quoique diminuant
un peu dans la région postérieure, est de $0^{mm},2$ pour le corps seul, de
$0^{mm},3$ les parapodes y compris.

Le prostomium (Pl. I, fig. 3), deux fois au moins aussi large que long, a
un bord antérieur convexe et un bord postérieur échancré en son milieu.
Il présente trois antennes et deux paires d'yeux. Les antennes sont très
courtes et épaisses ; celle du milieu, un peu plus grande que les latérales, est insérée en peu en arrière de celles-ci. Les yeux antérieurs, les
plus grands, en forme de cupule, ont un cristallin tourné en avant et en
dehors ; les yeux postérieurs, un peu en dedans des précédents, de forme
plus allongée, ont un cristallin orienté vers l'extérieur et la région terminale
du corps. Les palpes très larges, débordant un peu de chaque côté du
prostomium, sont soudés à la base, mais séparés en avant par une échancrure assez profonde ; sur la face ventrale, ils sont creusés d'une
dépression où se loge en partie la trompe, lorsqu'elle se dévagine.

Le prostomium n'est pas séparé nettement du premier segment ; en
revanche, celui-ci l'est très nettement du second, qui est le premier sétigère. Le premier segment porte de chaque côté un seul cirre tentaculaire
très réduit, plus petit que les cirres dorsaux des segments suivants. Un
peu en avant de cet appendice, est une fossette allongée transversalement, couverte de longs cils vibratiles ; c'est la fossette vibratile ou
organe nucal.

A partir du deuxième sétigère, tous les segments sont pourvus de
parapodes normaux ; celui du deuxième sétigère, toutefois, est dépourvu
de cirre dorsal. Viguier (1) a fait la même remarque chez l'*Exogone
gemmifera* Pagenstecher et aussi chez les *Sphærosyllis hystrix* et *pirifera* Claparède, de même que chez *Syllides pulliger* et *Grubea limbata*
Claparède.

Les cirres sont épais et courts ; le ventral est un peu plus long et un
peu moins large que le dorsal.

Le mamelon sétigère (Pl. I, fig. 7) est soutenu par un acicule droit
qui se termine dans la petite languette formant la pointe extrême du ma-

____

(1) C. Viguier, Sur l'*Exogone gemmifera* (Pagenstecher) et quelques autres Syllidiens à gesta-
tion. Études sur les animaux inférieurs de la baie d'Alger (*Arch. de Zool. expérim. et gén.*, 2ᵉ sér.,
t. II, 1884, p. 79).

melon. Les soies, au nombre 6 à 8, sont presque toutes composées, avec une hampe arquée fortement renflée au sommet, hétérogomphe, et une serpe courte (fig. 3, p. 11). Dans les segments antérieurs, on trouve presque à chaque segment une soie plus rectiligne, renflée au sommet, avec une pointe terminale oblique par rapport à la base élargie au sommet et soudée à celle-ci (fig. 4, p. 11) ; on observe aussi des soies du même type, avec un article terminal plus séparé de la partie basilaire à laquelle il est soudé (fig. 5, p. 11). Dans les segments de la région postérieure, il existe des crochets terminés par une pointe légèrement arquée au sommet (fig. 6, p. 11).

Le pygidium se termine par deux cirres anaux assez courts et un peu effilés dans leur partie terminale (Pl. I, fig. 6).

La trompe dévaginée présente un orifice garni d'une couronne de dix festons à contour arrondi (Pl. I, fig. 4).

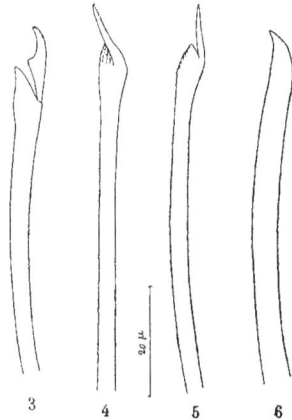

Fig. 3 à 6.

Au niveau de celle-ci affleure la dent qui, vue à un fort grossissement (Pl. I, fig. 5), se montre un peu incurvée au sommet et à trois pans. Lorsque l'organe n'est pas extroversé, le proventricule s'étend sur les quatrième et cinquième sétigères.

L'individu femelle décrit ci-dessus porte de chaque côté une rangée d'œufs très volumineux, non encore évolués, à raison d'un œuf par parapode dans la seconde moitié du corps (Pl. I, fig. 8). Les parapodes correspondants ne présentent pas trace des grandes soies locomotrices caractéristiques de la phase épitoque.

Par la brièveté des antennes, cette espèce se rapproche de l'*Exogone* (*Pædophylax*) *veruger* Claparède (1); mais elle s'en distingue nettement

---

(1) ED. CLAPARÈDE, Les Annélides Chétopodes du golfe de Naples. Supplément (*Mém. de la Soc. de phys. et d'hist. nat. de Genève*, t. XIX, 1868, p. 523, Pl. XII, fig. 3.)

par les caractères des palpes plus courts, plus larges, plus profondément
échancrés en avant; les soies telles que les dessine Claparède, à un
trop faible grossissement, ne paraissent pas être identiques à celles
qui sont figurées ici. Il y a également des différences à signaler dans le
prostomium et surtout dans la disposition des yeux. A ce point de vue, le
Syllidien antarctique ressemble beaucoup plus à l'*Exogone gemmifera*
Pagenstecher (1), tel que le représente Viguier; mais les antennes de ce
Polychète sont beaucoup plus longues que chez celui dont il est question
ici, qui est également différent de l'*Exogone heterosetosa* Mac Intosh (2),
trouvé d'abord par le « Challenger » aux îles Marion et plus tard en différents points de l'Amérique du Sud : Puerto Bueno, Smyth Channel,
Ushuaia (3).

Genre *SPHÆROSYLLIS* Claparède.

Sphærosyllis antarctica nov. sp.
(Pl. I, fig. 9-10.)

Deux exemplaires de cette espèce proviennent d'un dragage pratiqué
à 40 mètres de profondeur dans le Port Charcot le 8 avril 1904. L'un
d'eux, entier, a les dimensions suivantes : longueur, $5^{mm},6$; largeur
(maxima), sans les parapodes, $0^{mm},4$, — avec les parapodes, $0^{mm},6$. Le
nombre des sétigères est de 33. L'autre exemplaire, qui était à peu près
de même taille que le précédent, ne compte que 24 sétigères. Aucun
d'eux ne présente de trace de pigmentation.

Le prostomium (Pl. I, fig. 9), dont le bord antérieur est convexe, n'est
pas séparé nettement du segment tentaculaire. Les deux paires d'yeux
qu'il porte sont disposées presque sur une ligne droite et transversale.
Les deux latéraux sont cependant situés un peu en avant des autres
et sont un peu plus grands que ceux-ci. La lentille de ces organes est
à peine discernable. L'antenne médiane, assez courte, renflée à la base,

(1) A Pagenstecher, Untersuchungen über die niedere Seethiere aus Cette, I. Abth. I. Exogone,
gemmifera und einige verwandte Syllideen (*Zeitschr. für wissenschaft. Zool.*, 1862, Bd. XII,
p. 267, Taf. XXV et XXVI).

(2) W.-C. Mac Intosh, The Voyage of « H. M. S. Challenger », Report on the Annelida Polychæta,
1885, p. 205, Pl. XXXIII, fig. 15-16; Pl. XXXIVa, fig. 11.

(3) E. Ehlers, Polychæten der hamburger magalhaensischen Sammelreise, 1897, p. 51, Taf. III,
fig. 61-65.

étirée à l'extrémité distale, est seule restée en place. Les deux palpes sont, en arrière, presque aussi larges que le prostomium ; ils sont séparés en avant par une échancrure bien marquée et suivie d'un sillon médian qui s'atténue peu à peu. Quelques papilles en pointe mousse s'observent sur les parties latérales du corps.

De chaque côté et en arrière des yeux, s'insèrent les cirres tentaculaires ; ces appendices, dont il n'existe qu'une paire, sont de même forme et sensiblement de mêmes dimensions que l'antenne médiane.

Le second segment, séparé nettement du segment précédent, est muni d'un parapode complet ; c'est le premier sétigère. Le troisième segment, qui est le second sétigère, est dépourvu de cirre dorsal.

Le cirre dorsal, plus développé dans la région postérieure que dans la région antérieure du corps, est renflé à sa base et prend la forme d'une massue (Pl. 1, fig. 10) ; sur la partie distale effilée, il existe quelques petites papilles ou de simples aspérités ; le sommet est souvent élargi en une sorte de bouton terminal.

Le mamelon sétigère, assez saillant, a son bord libre découpé en lobes digités ; il est soutenu par un acicule droit axial. Les soies, assez peu nombreuses, sont toutes composées dans la première moitié du corps. La hampe fine, un peu arquée, graduellement renflée à son extrémité distale, est fortement hétérogomphe

7   8

Fig. 7 et 8.

(fig. 7, page 13). L'arête, presque rectiligne, recourbée en pointe fine au sommet, a l'un de ses bords garni de cils ténus et serrés ; la longueur de cet article terminal diminue régulièrement et assez fortement des soies les plus dorsales aux plus ventrales. Dans la seconde moitié du corps, il existe, à la partie dorsale du faisceau, une soie simple, arquée au sommet et terminée par une pointe fine légèrement incurvée (fig. 8, page 13).

Les cirres anaux étaient détachés. La trompe est courte. Le proventricule commence un peu en avant du sillon séparant le second et le

troisième sétigère et finit presque à la limite postérieure du cinquième.
Cette espèce nouvelle de *Sphærosyllis* (*S. antarctica* nov. sp.) se
distingue nettement des trois autres espèces du même genre trouvées
dans les ports du Sud de l'Amérique (1) : 1° de *Sphærosyllis Mac Intoshi*
Ehlers, que Mac Intosh (2) a décrite comme un Hésionien, *Salvadoria
kerguelensis*, et qu'Ehlers rapporte au genre *Sphærosyllis*; 2° de *Sphærosyllis retrodens* Ehlers, qui n'a aucune verrue, ce qui la fait ressembler
à une *Grubea*; 3° de *Sphærosyllis hirsuta* Ehlers, qui en a, au contraire,
le corps couvert ainsi que les palpes, et dont les soies sont très différentes
de celles de la forme antarctique. Celle-ci se rapproche de la *Sphærosyllis pirifera* Claparède (3), que Viguier (4) a décrite à nouveau et
figurée très exactement ; elle s'en sépare par ses papilles plus rares, par
la brièveté plus marquée des antennes et des cirres tentaculaires, par la
position des yeux et par les caractères de ses soies.

Genre *GRUBEA* de Quatrefages.

Grubea rhopalophora Ehlers.

E. Ehlers, *Polychæten der hamburger magalhaensischen Sammelreise*, 1897, Hamburg,
L. Friederichsen und C°, p. 53, Taf. III, fig. 66-70

Trois exemplaires de cette espèce ont été recueillis dans le port
Charcot, à une profondeur de 40 mètres, le 4 avril 1904. La *Grubea rho-
palophora* Ehlers, qui ressemble à la *Grubea clavata* Claparède, ainsi
qu'Ehlers le fait remarquer, a été trouvée en premier lieu à Ushuaia,
dans la Terre de Feu méridionale.

Ehlers a fait observer que les cirres dorsaux se présentent sous
deux facies. Chez certains individus, la base est très forte et l'extrémité
distale très ténue. Chez d'autres, la base est fusiforme et s'effile
graduellement jusqu'à l'extrémité libre; c'est sous ce dernier aspect que

(1) E. Ehlers, Polychæten der hamburger magalhaensischen Sammelreise, 1897, Hamburg,
L. Friederichsen and C°, p. 46-50, Taf. II, fig. 53-57; Taf. III, fig. 58-60.
(2) W.-C. Mac Intosh, The Voyage of « H. M. S. Challenger », Report on the Annelida Polychæta, 1885, p. 188, Pl. XXX, fig. 4 ; Pl. XXXIII, fig. 1 ; Pl. XV, fig. 11-12.
(3) Ed. Claparède, Beobachtungen über Anatomie und Entwicklungsgeschichte wirbelloser
Thiere an der Küste von Normandie angestellt, Leipzig, 1863, p. 45.
(4) C. Viguier, *loc. cit.*, p. 96, Pl. V, fig. 39-43.

se montrent les cirres dorsaux des individus provenant de la région antarctique.

Genre *PIONOSYLLIS* Malmgren (Langerhans emend.).

Pionosyllis comosa nov. sp.
(Pl. II, fig. 12-13.)

Un individu, en bon état, presque complet, a été dragué dans le Port Charcot, à 25 mètres de profondeur, le 14 mars 1904. Il mesure 14^{mm},3 de longueur, 1^{mm},3 dans sa plus grande largeur, pour le corps seul, 1^{mm},8 y compris les mamelons sétigères ; le nombre des sétigères est de 55.

La forme du corps est plutôt trapue ; la face dorsale est très fortement bombée ; la face ventrale est presque plane, avec une légère gouttière médiane. Les mamelons sétigères sont insérés très bas, de sorte que les cirres ventraux sont presque au niveau de la face ventrale. Il n'y a aucune trace de pigmentation.

Le prostomium très saillant (Pl. II, fig. 12), plus large que long, à bord antérieur convexe, est rétréci en arrière, avec une profonde échancrure qui pénètre presque jusqu'au centre. Les quatre yeux sont disposés en trapèze ; les antérieurs sont les plus grands et les plus éloignés du plan de symétrie ; la lentille est à peine discernable dans chacun de ces quatre organes visuels.

Des trois antennes, la médiane, dont la longueur dépasse largement le double de celle des latérales, s'insère dans la partie centrale du prostonium, immédiatement en avant du sommet de l'échancrure postérieure. Les deux autres sont fixées de chaque côté, presque sur le bord antérieur du prostomium. Aucun de ces appendices offre le moindre indice de segmentation ni régulière, ni irrégulière ; ces antennes s'effilent très légèrement dans leur région distale. Il en est de même pour tous les cirres tentaculaires et dorsaux.

Les deux palpes ne sont réunis que dans leur partie basilaire. Le premier segment porte une paire de cirres tentaculaires de chaque côté. Le dorsal est plus de deux fois aussi long que le ventral. Au second segment, qui est le premier sétigère, le cirre dorsal est plus de deux fois aussi long que le cirre tentaculaire dorsal; c'est de beaucoup le plus développé de tous les appendices. Au troisième segment, le cirre dorsal est court relativement aux précédents; il est plus long au quatrième et au cinquième; au sixième, il a à peu près le même développement qu'au troisième. De semblables iné-galités s'observent dans les autres parties du corps. Le cirre dorsal s'insère à une certaine distance au-dessus du mamelon situé relativement très bas, comme il a été dit plus haut.

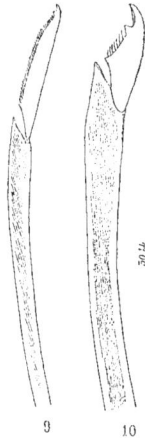

Le mamelon sétigère (Pl. II, fig. 13), terminé en pointe mousse, est soutenu par trois acicules droits accolés, situés à la partie supérieure et profonde du faisceau de soies. Les deux ou trois soies insérées le plus haut ont une hampe légèrement arquée, forte-ment hétérogomphe, à rostre saillant s'effilant en une pointe aiguë (fig. 9, p. 16). L'arête, de longueur moyenne, droite, s'incurve un peu à son sommet, au-dessous duquel est une dent triangulaire assez forte. Le bord correspondant à ces deux dents est convexe et porte des cils rigides serrés et courts.

Fig. 9 et 10.

Toutes les autres soies ont une hampe beaucoup plus forte, renflée au sommet, très hétérogomphe également (fig. 10, p. 16); la serpe terminale est beaucoup plus courte et plus large que dans les précé-dentes; des cils rigides plus longs et plus espacés que dans les soies de la partie supérieure du faisceau garnissent le bord qui porte les deux dents de la partie distale de la serpe.

Le cirre ventral, en forme de languette courte et large, a un dévelop-pement comparable à celui du mamelon sétigère.

La trompe est droite. La trompe pharyngienne présente en avant une couronne de papilles et, immédiatement au-dessous, une forte dent chi-tineuse, de teinte un peu ambrée et qu'on ne voit que par transparence. Le proventricule, long et étroit, s'étend du huitième au dix-septième segment. Ces dimensions sont inusitées chez les Eusyllidés; cependant

Ehlers a signalé la même particularité chez le *Syllides articulosus* Ehlers (1). Les cæcums ventriculaires sont également fort développés.

Le même auteur (2) mentionne, sous le nom de *Syllides* sp. ? un Syllidien (dont il n'a eu entre les mains que la partie antérieure) à cirres extrêmement longs et non segmentés, avec deux yeux frontaux, en dehors des quatre autres et une trompe inerme.

Aucune espèce du genre *Pionosyllis*, tel que l'a défini Malmgren et que l'admet Ehlers, n'a été signalée jusqu'ici sur les côtes sud-américaines.

Genre *EUSYLLIS* Malmgren.

Eusyllis kerguelensis Mac Intosh.
(Pl. II, fig. 14-16.)

W.-C. Mac Intosh, *The Voyage of « H. M. S. Challenger »*, *Report on the Annelida Polychæta*, 1885, p. 191, Pl. XXIX. fig. 4, XXXIII, fig. 3, XVA, fig. 13.
E. Ehlers, *Polychæten der hamburger magalhaensischen Sammelreise* (Nachr. der k. Gesellsch. der Wissensch. zu Göttingen, math.-phys. Klasse, 1900, p. 212).

Un dragage à 110 mètres de profondeur dans la baie Biscoe a ramené à la surface un exemplaire incomplet de cette espèce, de 9 millimètres de longueur, de 3 millimètres dans sa plus grande largeur ; le nombre des sétigères est de 31 ; à en juger par le développement de la partie antérieure du tube digestif, le nombre des segments est au moins égal au double — et probablement plus — de celui indiqué ci-dessus ; un autre fragment de la même provenance, qui appartient vraisemblablement au même individu, a 5 millimètres de longueur avec une trentaine de segments.

Le prostomium (Pl. II, fig. 14) est plus de deux fois aussi large que long ; le bord antérieur est convexe ; au bord postérieur, on remarque une échancrure médiane qui s'étend jusqu'à la base de l'antenne correspondante. Les yeux sont petits ; les deux antérieurs sont un peu plus rapprochés du plan de symétrie que les deux autres. Le région circonscrite par les organes visuels est fortement pigmentée en brun.

Les trois antennes sont tout d'une venue et non divisées en articles. La médiane, la plus longue, pigmentée dans sa région basilaire, s'insère un

(1) E. EHLERS, *loc. cit.*, 1897, p. 43, Taf. II, fig. 48-52.
(2) E. EHLERS, *loc. cit.*, p. 46.

peu en arrière du centre de figure du prostomium et s'effile graduellement vers son extrémité libre. Les deux latérales s'attachent tout en avant et assez près l'une de l'autre. Les organes nucaux ne sont pas apparents.

Les deux palpes, larges et courts, légèrement pigmentés, sont soudés seulement dans leur région basilaire.

Le premier segment sur lequel le prostomium est un peu en saillie est réduit en longueur et porte de chaque côté deux cirres tentaculaires ; le dorsal a une longueur comparable à celle de l'antenne médiane ; le ventral est beaucoup plus court.

Les autres segments sont pourvus chacun d'une paire de parapodes. Très serrés, ils sont fort bombés sur la face dorsale et, à part les premiers, divisés chacun en deux anneaux par un sillon médian. La face ventrale est presque plane et présente une large bande médiane brun rouge, qui, en avant, se bifurque pour se continuer de chaque côté jusqu'au niveau de l'insertion des premiers parapodes. Cette pigmentation se continue en arrière, où la face dorsale est colorée d'une façon plus intense sur les côtés que dans la région médiane. Mac Intosh ne mentionne pas cette pigmentation.

A cause du bombement de la face dorsale, les parapodes paraissent insérés très bas. Les cirres dorsaux s'attachent très haut sur un article basilaire relativement fort long (Pl. II, fig. 15) ; ils sont particulièrement développés dans les segments antérieurs, notamment au premier sétigère et au quatrième ; la moitié inférieure de ces appendices est pigmentée en brun d'une manière intense.

Le mamelon sétigère est soutenu par trois acicules contigus qui viennent se terminer à son sommet. Il est prolongé en avant par une languette. Il est pourvu d'un faisceau de soies composées toutes du même type. La hampe, renflée au sommet, est fortement hétérogomphe (fig. 11, p. 19) ; la serpe à pointe terminale mousse et recourbée présente une grosse dent au-dessous de celle-ci et, sur le même bord convexe, des cils rigides assez longs. Certaines soies (fig. 12, p. 19) ont une serpe plus large et une hampe plus forte. On trouve même, en arrière, des soies plus trapues, à serpe plus courte, dont le bord cilié est presque rectiligne (fig. 13, p. 19).

Le cirre ventral, épais et large, est intimement soudé au mamelon sétigère et aussi saillant que ce dernier.

La trompe dévaginée (Pl. II, fig. 16) est recouverte à son sommet par une couronne de chitine dont les bords externe et interne, sans doute plus épais, sont plus colorés que le reste; cette couronne est armée d'une dent dorsale à pointe mousse et d'une dent ventrale de même forme, mais plus petite. Il y a bien une légère saillie de chaque côté, mais pas de trépan proprement dit. Au-dessous de cette armature, on compte dix papilles molles régulièrement espacées, et, en arrière de celles-ci, une membrane dont le bord libre antérieur se termine également par dix festons. La seconde région de la trompe (trompe pharyngienne) est peu développée. Le proventricule, au contraire, l'est beaucoup; très large, il s'étend sur une quinzaine de segments.

Si on compare la description qui précède à celle de W.-C. Mac Intosh,

Fig. 11 à 13.

on remarque quelques différences dans la forme du prostomiun, dans celle des palpes, dans les dimensions de la languette du parapode et de la serpe des soies; mais, en revanche, le facies si spécial du prostomium, avec son échancrure médiane et ses sillons latéraux, les caractères spéciaux de la trompe se retrouvent si exactement dans la forme antarctique qu'on ne peut songer à la séparer de celle des Kerguelen.

Cette espèce a été trouvée en premier lieu aux Kerguelen et, plus tard, recueillie en divers points de la Terre de Feu [(archipel de la Terre de Feu, île Picton (Michaelsen), île Lennox (Nordenksjöld)].

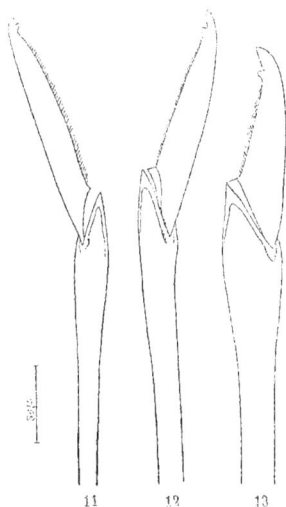

Genre *SYLLIS* Savigny.

Syllis brachycola Ehlers.
(Pl. II, fig. 17.)

E. Ehlers, *Polychæten der hamburger magalhaensischen Sammelreise.* 1897, Hamburg, L. Friederichsen and C°, p. 38, Taf. II, fig. 46-47.

Un exemplaire unique de cette espèce provient de l'île Booth Wandel ; les individus étudiés par Ehlers provenaient du détroit de Magellan (Punta-Arenas) et de la Géorgie du Sud.

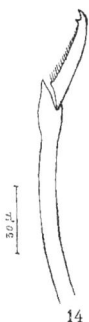

Dans le parapode (Pl. II, fig. 17), je trouve aux cirres dorsaux un nombre d'articles moindre que celui qu'indique Ehlers. Ces appendices sont plus grêles dans la seconde moitié du corps que dans la première.

A propos des caractères de la soie, le même auteur dit : « Ihr Endglied ist zweizähnig mit behaarter Schneide », ce que je constate de mon côté (fig. 14, page 20) ; mais la figure 17 (Pl. II) du mémoire d'Ehlers représente ces soies sans aucun cil ; il y a sans doute là une erreur du dessinateur.

14
Fig. 14.

La trompe pharyngienne est armée d'une grosse dent ; le proventricule très long, étroit, s'étend du 8ᵉ au 18ᵉ sétigère. Le ventricule est également bien développé et replié sur lui-même ; les deux cæcums ventriculaires eux-mêmes, relativement grands, sont recourbés de chaque côté en forme de croissant à concavité tournée vers l'extérieur.

Forme épigame de Syllidé.
(Pl. III, fig. 19-21.)

Cinq fragments d'un Syllidé à la phase épigame ont été pris au filet, à la surface de la mer, au voisinage de l'île Booth Wandel. Ils sont tous en assez mauvais état ; ils ont été probablement gelés après avoir été recueillis, ou bien ils sont restés desséchés dans un tube pendant un certain temps.

Le prostomium (Pl. III, fig. 19), très large, à bord antérieur et postérieur très légèrement échancrés, porte deux paires d'yeux très développés.

Les antérieurs, placés latéralement, ont une lentille très visible ; les postérieurs sont nettement dorsaux. On n'aperçoit pas les palpes sur la face dorsale. Les trois antennes moniliformes sont extrêmement longues, la médiane, plus encore que les deux autres. Le prostomium, assez saillant, est nettement délimité en arrière. Les cirres tentaculaires sont aussi fort développés, le dorsal surtout ; il en est de même du cirre dorsal du premier sétigère.

Vus par la face ventrale (Pl. III, fig. 20), les deux palpes, séparés jusqu'à la base, sont larges et courts ; deux gros bourrelets situés en arrière de ceux-ci délimitent latéralement l'orifice buccal.

A une certaine distance — variable avec les exemplaires — du prostomium, commencent les parapodes transformés, caractéristiques de la phase épitoque (Pl. III, fig. 21). Au-dessous du cirre dorsal relativement de grandes dimensions, est un puissant faisceau de soies natatoires fines, très longues, à extrémité un peu effilée ; ce faisceau est soutenu par un acicule à pointe recourbée vers le haut et se terminant dans une saillie du tégument.

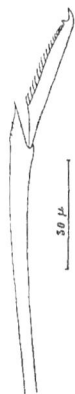
15
Fig. 15.

Le faisceau normal est porté par un mamelon beaucoup plus saillant, traversé par un double acicule qui aboutit au sommet d'une encoche, à l'extrémité distale du mamelon. Les soies sont toutes du même type avec des variantes dans la longueur de la serpe (fig. 15, p. 21). La hampe, plus ou moins incurvée, un peu dilatée à son sommet, a un rostre saillant étiré en une longue pointe fine et fortement striée sur son bord externe ; la serpe, au-dessous de la pointe recourbée, présente une dent très saillante ; de grands cils rigides garnissent le bord correspondant. La longueur de la serpe diminue assez régulièrement de la partie supérieure du faisceau à la partie inférieure.

L'état de conservation de ces fragments de Syllidien à l'état de maturité sexuelle n'a pas permis de pousser plus loin les recherches ; les données qui précèdent montrent, du reste, qu'il s'agit ici d'une forme épigame de Syllidé.

FAMILLE DES *HÉSIONIENS* Grube.

On ne connaît aujourd'hui aucun représentant de la famille des Hésioniens vivant sur les côtes sud-américaines. La seule espèce qui ait été signalée dans cette partie du globe est le *Leocrates chinensis* Grube, largement répandu dans tout le Pacifique, car il a été trouvé en Chine, aux Philippines, Zamboanga, Bohol, aux îles Samoa et, en dernier lieu, à l'île Juan Fernandez, où il a été recueilli par Plate. Cette absence d'Hésioniens dans la région magellanique donne un intérêt spécial à la récolte de l'*Orseis Mathai* nov. sp., dans le Port Charcot, car cette trouvaille laisse supposer que la partie sud de l'Amérique n'est pas aussi dépourvue de ces Polychètes qu'on l'a cru jusqu'ici.

Genre *ORSEIS* Ehlers.

Orseis Mathai n. sp. (1).
(Pl. III, fig. 22-23.)

Trois exemplaires de cette espèce ont été dragués à 40 mètres de profondeur dans le Port Charcot, le 4 avril 1904 ; deux d'entre eux sont tout entiers ; le troisième ne possède que les douze premiers sétigères. L'état de conservation de ces animaux laisse un peu à désirer.

L'un des deux individus intacts a les dimensions suivantes : longueur, $3^{mm},6$; largeur (maxima dans la région moyenne du corps), $0^{mm},5$, sans les parapodes, — $0^{mm},95$, avec ces appendices ; le nombre des segments sétigères est de 18.

Le corps est déprimé ; d'avant en arrière, les parapodes se séparent de plus en plus largement les uns des autres ; la saillie qu'ils forment de chaque côté du corps s'accentue dans le même sens. Les sillons intersegmentaires sont légèrement indiqués. On ne discerne aucune trace de pigmentation sur la face dorsale ; de petites taches sombres ponctuent seulement la ligne médiane ventrale.

(1) Espèce dédiée à M. le lieutenant de vaisseau Matha, membre de l'Expédition antarctique française.

Le prostomium (Pl. III, fig. 22), plus large que long, rétréci en arrière, a un bord antérieur convexe et un bord postérieur sensiblement rectiligne. Des quatre yeux, les antérieurs sont plus grands et un peu éloignés du plan de symétrie que les deux autres; tous sont munis d'une lentille orientée latéralement et en avant pour les yeux antérieurs, latéralement et en arrière pour les yeux postérieurs.

Les antennes sont sensiblement cylindriques et plutôt grêles; les deux latérales s'insèrent sur le bord antérieur du prostomium; la base de la médiane est située au centre de figure de ce dernier. Les palpes, assez épais, peu saillants, à contour arrondi, se voient de chaque côté des antennes latérales.

Le premier segment, plus court que les suivants, est pourvu de chaque côté de deux cirres tentaculaires, dont le plus grand est le dorsal; ces appendices, fixés chacun sur un article basilaire, sont assez régulièrement cylindriques et non segmentés. Le second segment est le premier sétigère; il présente, en effet, de chaque côté, au-dessous du cirre dorsal, qui est plus long que le cirre tentaculaire correspondant, un mamelon sétigère et un cirre ventral réduits par rapport à ceux des segments suivants.

Aux autres segments, jusqu'à l'extrémité postérieure du corps, le cirre dorsal, porté sur un article basilaire, conserve sensiblement le même calibre dans toute son étendue. Le mamelon sétigère (Pl. III,

17

16

Fig. 16 et

fig. 23), soutenu par un assez fort acicule axial, se termine en pointe mousse. Le cirre ventral a la forme d'une languette cylindrique grêle.

Les soies, disposées en éventail et au nombre d'une vingtaine à chaque mamelon, sont toutes du même type. La hampe, arquée, fortement hétérogomphe, présente un rostre triangulaire très saillant, couvert de stries longitudinales convergeant à son sommet et de stries transversales assez serrées, normales aux précédentes. L'arête, droite ou légèrement incurvée, a une largeur uniforme, sauf dans sa partie basilaire, qui est

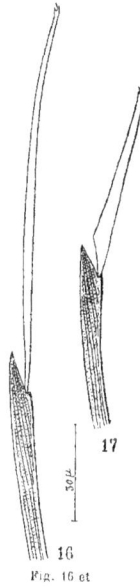

rétrécie; son sommet est recourbé en une pointe fine, sous laquelle on observe une dent très ténue. La longueur de cette arête varie du simple au double, au moins dans un même mamelon (fig. 16 et 17, p. 23).

Je n'ai pu observer les cirres anaux qui étaient détachés. La trompe pharyngienne, à paroi très épaisse, s'étend du premier au septième sétigère.

Le genre *Orseis* a été créé par Ehlers pour une forme jeune d'un type nouveau d'Hésionien recueilli à Quarnero (Adriatique). La longueur du seul exemplaire vu par Ehlers était de $1^{mm},2$; le nombre des sétigères, de 11.

L'espèce antarctique diffère de celle de l'Adriatique par le point d'insertion de l'antenne impaire, par la forme et les dimensions relatives des palpes, par les caractères des cirres, qui sont cylindriques, tandis qu'ils sont plutôt fusiformes dans le type d'Ehlers. Les différences concernant la taille et le nombre des segments tiennent vraisemblablement à ce qu'il s'agit ici d'un exemplaire adulte.

Il est intéressant de trouver un représentant de ce genre rarissime dans les régions antarctiques, d'autant que les Hésioniens paraissent être rares dans l'Amérique du Sud, et qu'ils semblent même manquer complètement à la côte ouest de ce continent, ainsi que le fait remarquer Ehlers (1).

FAMILLE DES *PHYLLODOCIENS* Grube, char. emend.

Les Phyllodociens recueillis par l'Expédition antarctique française se rapportent à trois espèces, dont deux du genre *Eulalia*, déjà connues dans la région magellanique, et une nouvelle du genre *Eteone*. Toutes les trois proviennent des dragages pratiqués à des profondeurs variant de 20 à 110 mètres. Il est probable que des recherches sur le littoral fourniraient d'autres représentants de cette famille, riche en formes côtières. Le genre type de la famille *Phyllodoce* fait ici défaut; il en est de même

(1) E. EHLERS, Die Polychæten des magellanischen und chilenischen Strandes (*Ein faunistischer Versuch*, Berlin, Weidmannsche Buchhandlung, 1901, p. 83).

dans l'extrême pointe de l'Amérique du Sud. Ainsi que le fait observer Ehlers, les *Phyllodoce* paraissent prospérer dans les mers chaudes, tandis que les *Eteone* sont plutôt des habitants des eaux froides, car la plupart des espèces de ce genre vivent dans les mers arctiques.

Genre *EULALIA* Œrsted.

Eulalia (Pterocirrus) magalhaensis Kinberg.

J.-G.-H. Kinberg, *Annulata nova* (Öfv. af Kongl. Vetensk.-Akad. Förhandl., 1865, p. 241).
E. Ehlers, *Polychæten der hamburger magalhaensischen Sammelreise*, 1897, p. 28.
E. Ehlers, *Die Polychæten des magellanischen und chilenischen Strandes* (Ein faunistischer Versuch, 1901, p. 73, Taf. VIII, fig. 1-8).

Un dragage à 110 mètres de profondeur, pratiqué dans la baie Biscoe (île Anvers), a ramené un seul exemplaire de cette espèce.

La longueur de cet exemplaire unique est de 80 millimètres; la largeur (maxima), de 5 millimètres pour le corps seul, de 7 millimètres, les parapodes y compris. Le nombre des sétigères est de 104. La coloration de l'animal conservé est brun jaunâtre, plus foncé en arrière qu'en avant. La pigmentation, particulièrement intense sur les cirres dorsaux et ventraux, est surtout marquée à la pointe de ces appendices.

L'espèce nommée par Kinberg a été décrite à nouveau d'une manière plus approfondie et figurée par Ehlers. Mes observations, sauf sur quelques points sans importance, concordent complètement avec celles du savant zoologiste de Göttingen.

Je n'ai à signaler ici que quelques différences dans les dimensions relatives des appendices des premiers segments. Je ne constate aucune trace d'annulation dans le cirre dorsal du deuxième segment.

Ehlers ne figure pas les papilles de la trompe ; celles-ci, de forme plus ou moins allongée, ont le même aspect dans toute l'étendue de la gaine pharyngienne ; elles sont seulement de taille plus considérable à la partie postérieure qu'à la partie antérieure de l'organe invaginé.

L'*Eulalia magalhaensis* a été, antérieurement à l'Expédition antarctique française, recueillie aux points suivants : Smyth Channel, Long-

Island; Punta-Arenas, détroit de Magellan; ile Picton, Banner Cove; Valparaiso.

Eulalia subulifera Ehlers.
(Pl. II, fig. 18; Pl. III, fig. 27.)

E. Ehlers, *Polychæten der hamburger magalhaensischen Sammelreise*, 1897, p. 29, Taf. II, fig. 34-39.

Deux exemplaires, dont un seul entier, de l'*Eulalia subulifera* Ehlers, proviennent d'un dragage effectué près de l'ile Booth Wandel, par 40 mètres de fond. L'exemplaire intact mesure 7 millimètres de longueur, 0^{mm},9 dans sa plus grande largeur, et possède quarante-sept segments sétigères. Les antennes (Pl. II, fig. 18) sont ici plus grêles, les cirres ventraux plus arrondis (Pl. III, fig. 27), et surtout la pigmentation est beaucoup plus généralisée que ne l'indique Ehlers, dont les matériaux d'étude ont été récoltés à Punta-Arenas (détroit de Magellan), à Ushuaia, à l'ile Picton (Terre de Feu), et à la Géorgie du Sud.

Genre *ETEONE* Savigny, Œrsted rev.

Eteone Reyi (1).
(Pl. III, fig. 24-26.)

Des dragages pratiqués dans le Port Charcot à des profondeurs comprises entre 20 et 40 mètres ont fourni quatre spécimens de cette espèce.

L'un des exemplaires les mieux conservés a 17 millimètres de longueur, 1 millimètre de largeur (maxima dans la région moyenne du corps) pour le corps seul, 1^{mm},7 avec les parapodes, et compte soixante-six segments sétigères. La couleur est d'un rouge violacé uniforme; le prostomium a une teinte plus pâle que le reste du corps, surtout en avant. Les parapodes ont également une coloration moins intense un peu jaunâtre. La séparation des segments est très marquée; les parapodes s'insèrent assez bas, de chaque côté de la face dorsale, qui est fortement bombée; la face ventrale est plus faiblement convexe. Dans les régions moyenne et postérieure, sauf à l'extrémité, chaque segment présente dorsalement une sorte de tore médian élargi de chaque côté et séparé

(1) Espèce dédiée à M. le lieutenant de vaisseau Rey, membre de l'Expédition antarctique française.

de ceux des segments contigus par une petite plage déprimée. C'est un trait de morphologie que l'on retrouve chez beaucoup de Phyllodociens.

Le prostomium (Pl. III, fig. 24), un peu plus large que long, peut être recouvert en partie, sur son bord postérieur, par le premier segment. Il porte en avant deux paires d'antennes courtes et épaisses, sensiblement égales entre elles. A la partie postérieure du prostomium, on distingue deux taches oculaires qui peuvent être presque entièrement recouvertes par le premier segment.

Celui-ci, plus long que les suivants, un peu échancré en avant sur la face dorsale, est pourvu, de chaque côté, de cirres tentaculaires courts, égaux entre eux et aussi saillants que les parapodes. Sur la face ventrale, s'ouvre la bouche, en avant de ce premier segment, dont le bord antérieur est plissé, pour faciliter le passage de la trompe.

Le second segment, un peu plus court que les suivants, porte, de chaque côté, un parapode incomplet dépourvu de cirre dorsal ; la même particularité se retrouve chez plusieurs espèces d'*Eteone*, notamment : *Eteone armata* Claparède, *Eteone lactea* Claparède, *Eteone incisa* de Saint-Joseph, etc. Les autres segments sont munis de parapodes complets.

Fig. 18.

Le cirre dorsal (Pl. III, fig. 25), épais, de forme arrondie, est porté sur un large article basilaire fort développé. Le mamelon sétigère, traversé suivant son axe par un acicule droit, présente deux appendices foliacés séparés par une légère échancrure au niveau de la pointe de l'acicule. Il possède un éventail de soies composées au nombre d'une vingtaine dans la région moyenne du corps. La hampe, légèrement incurvée, un peu élargie au sommet, se termine par deux dents inégalement saillantes (fig. 18, page 27) ; l'échancrure se continue en arrière dans une dépression qui s'atténue peu à peu. L'arête, assez étroite, recourbée, s'étire en une longue pointe grêle. Le cirre ventral est assez large ; sa pointe distale ne dépasse pas celle du mamelon. Les deux cirres anaux (Pl. III, fig. 26) ont la forme de lames épaisses, de taille bien plus considérable que celle des cirres dorsaux des derniers segments du corps et plus grande même que celle des cirres dorsaux de la partie moyenne du corps.

La trompe dévaginée se montre lisse dans toute son étendue.

Cette espèce antarctique offre une ressemblance étroite avec l'*Eteone Lilljeborgi* Malmgren (1), dont elle ne diffère guère que par des détails sans importance concernant la forme du prostomium, celle des soies ainsi que celle des sillons intersegmentaires.

FAMILLE DES *NÉRÉIDIENS* de Quatrefages (Lycoridiens Grube).

Des 13 espèces connues sur les côtes de Patagonie, de la Terre de Feu et du Chili, deux seulement ont été rapportées par l'Expédition antarctique française. Toutes deux paraissent être caractéristiques de la région antarctique au sens large du mot. La *Nereis kerguelensis* Mac Intosh, comme son nom l'indique, existe non seulement dans l'Amérique du Sud, mais aussi aux îles Kerguelen. La *Platynereis magalhaensis* Kinberg semble avoir une aire de distribution encore plus vaste, car elle a été signalée aux îles Marion, sur toute la côte du Chili, et à Fernando Noronha.

Genre *PLATYNEREIS* Kinberg (char. emend.).

Platynereis magalhaensis Kinberg.

J.-G.-H. Kinberg, *Annulata nova* (Öfv. af Kongl. Vetensk.-Akad. Förhandl., 1865, p. 177, Freg. Eugenies Resa, Tab. XX, fig. 6).

Une vingtaine d'exemplaires de cette espèce ont été rapportés par l'Expédition antarctique française de Puerto-Madryn. Trois d'entre eux étaient renfermés dans un tube membraneux, assez consistant, avec de petits grains de sable agglutinés.

(1) A.-J. Malmgren, Annulata Polychæta Spetsbergiæ, Grönlandiæ, Islandiæ et Scandinaviæ hactenus cognita (*Ofv. af Kongl. Vetensk.-Akad. Förhandl.*, 1867, p. 148, Tab. IV, fig. 22).

Ehlers (1) a donné la synonymie de cette espèce, qui a été décrite sous les noms de *Platynereis antarctica* Kinberg, *Platynereis patagonica* Kinberg, *Nereis antarctica* Verrill, *Nereis Eatoni* Mac Intosh. Son aire de distribution dans l'Amérique du Sud est extrêmement vaste, sur la côte orientale, comme sur la côte occidentale (Puerto-Bueno, Long Island, Punta-Arenas, etc. ; îles Kerguelen, îles Marion, Fernando Noronha, côtes du Brésil). Elle a été recueillie à Puerto-Madryn, antérieurement au passage de la Mission antarctique française dans ce port.

Genre *NEREIS* Cuvier, char. emend.

Nereis Kerguelensis Mac Intosh.

W.-C. Mac Intosh, *The Voyage of « H. M. S. Challenger ». Report on the Polychæta*, 1885, p. 225, Pl. XXXV, fig. 10-12; Pl. XVIA, fig. 17-18.

Des recherches à marée basse à l'île Booth Wandel et des dragages effectués au voisinage des îles Anvers, Booth Wandel et dans la baie Biscoe, ont fourni une trentaine d'exemplaires de cette espèce, trouvée tout d'abord aux Kerguelen, et qui existe aussi dans l'Amérique méridionale, aux îles Falkland et également à la Géorgie du Sud (2). Les exemplaires de la région antarctique sont colorés en rouge-orange sur la face dorsale de la partie antérieure du corps. L'un des plus grands exemplaires mesure 48 millimètres de longueur et possède 63 segments sétigères.

Les cirres tentaculaires sont, chez la plupart des exemplaires, divisés en segments irréguliers par des contractions; ce caractère est plus marqué sur les cirres dorsaux que sur les ventraux. Il est probable que cette segmentation est factice; chez certains individus, elle est indiscernable. En outre, les cirres sont plus longs en général que ne l'indique Ehlers, qui a sans doute eu affaire, comme il le présumait, à des exemplaires fortement contractés. L'armature de la trompe présente quelques variations.

(1) E. EHLERS, *loc. cit.*, 1901, p. 104.
(2) E. EHLERS, *loc. cit.*, id., p. 105.

FAMILLE DES *EUNICIENS* Grube.

L'Expédition antarctique française n'a rapporté qu'un Eunicien des parages qu'elle a explorés. Il est extrêmement vraisemblable que des recherches futures dans la région antarctique y feront découvrir d'autres formes de cette famille, si remarquablement riche en type des plus variés. On en connaît 17 espèces dans l'Amérique du Sud, ce qui paraît pauvre à Ehlers, en comparaison des 31 espèces de la Floride et des 26 espèces des Philippines. Le *Lumbriconereis magalhaensis*, recueilli par le D' Turquet, est d'ailleurs une espèce caractéristique de la région magellanique.

Genre *LUMBRICONEREIS* Blainville, Grube rev.

Lumbriconereis magalhaensis Kinberg.

J.-G.-H. Kinberg, *Annulata nova* (Öfv. af Kongl. Vetensk.-Akad. Förhandl., 1864, p. 568).

Ed. Grube, *Annelidenausbeute von « S. M. S. Gazelle »* (Monatsber. Akad. d. Wissensch., 1877, p. 531).

E. Ehlers, *Polychæten der hamburger magalhaensischen Sammelreise*, 1897, p. 574.
— *Die Anneliden der Sammlung Plate* (Zool. Jahrb., Supp. Fauna chilensis, II, 1901, p. 263).
— *Die Polychæten des magellanischen und chilenischen Strandes* (Ein faunistischer Versuch, 1901, p. 136).

Quatre exemplaires incomplets de cette espèce ont été recueillis à l'île Booth Wandel et un cinquième au Port Charcot, en dragage, à 40 mètres de profondeur. Le plus grand d'entre eux, auquel manque une partie de la région postérieure du corps, mesure 35 millimètres de longueur et compte 73 sétigères. Le *Lumbriconereis magalhaensis* avait déjà été trouvé dans le détroit de Magellan, à la Terre de Feu, aux îles Falkland et à la Géorgie du Sud.

Les soies, et particulièrement les soies composées des premiers segments, rappellent fort celles du *Lumbriconereis floridana* Ehlers (1).

(1) E. EHLERS, Florida Anneliden (*Mem. of the Mus. of comparat. Zool. at Harvard College*, vol. XV, 1887, p. 103, Taf. XXX, fig. 10-15).

FAMILLE DES *APHRODITIENS* Savigny sensu str.

On connaît actuellement 11 espèces d'Aphroditiens dans la région magellanique. Trois d'entre elles ont été rapportées par la Mission dirigée par M. le D' Charcot. Toutes trois appartiennent à la tribu des Polynoïniens, qui est aussi la plus largement représentée dans la pointe extrême de l'Amérique du Sud. Le *Polynoe antarctica* Kinberg est une forme australe typique rappelant fort, comme Ehlers l'a fait remarquer, le *Polynoe Kinbergi* Malmgren des mers boréales. L'*Harmothoe spinosa* Kinberg n'est pas rare sur les côtes magellaniques. Quant à l'*Harmothoe hirsuta* Johnson, elle a été trouvée en premier lieu dans l'Amérique du Nord, sur les côtes de Californie.

Genre *POLYNOE* s. st. Œrst., Kinb., Malmg., Lev.

Polynoe (Enipo antarctica) Kinberg.

J.-G.-H. Kinberg, *Fregatten « Eugenies » Resa. Zool. Annulata*, p. 23, t. X, p. 58.
E. Ehlers, *Die Polychæten der hamburger magalhaensischen Sammelreise*, 1897, p. 19
— *Die Anneliden der Sammlung Plate* (Zool. Jahrb., Suppl. Fauna chilensis, II, 1901, p. 256).
— *Die Polychæten des magellanischen und chilenischen Strandes* (Ein faunistischer Versuch, 1901, p. 47, Taf. IV, fig. 6-13).

Deux exemplaires de cette espèce ont été recueillis à l'île Booth Wandel ; le tube dans lequel ils avaient été placés portait la mention : « trouvés dans une touffe d'Antipathes transportés par les Cormorans (?) pour construire leurs nids ». Ces deux exemplaires sont tous deux incomplets ; l'un d'eux a 65 millimètres de longueur, 9 millimètres de largeur, y compris les parapodes, avec 49 sétigères ; l'autre, de taille plus considérable, ne compte que 19 sétigères. Trois autres exemplaires, plus petits et également incomplets, ont été dragués dans la baie Biscoe (île Anvers), à 110 mètres de profondeur.

Il me semble, comme à Ehlers, que le *Polyeunoa lœvis* Mac Intosh (1)

(1) W.-C. Mac Intosh, The Voyage of « H. M. S. Challenger », Report on the Polychæta, 1885, p. 76, Pl. XII, fig. 2; Pl. XX, fig. 8; Pl. VII A, fig. 12 et 13.

est à identifier au *Polynoe antarctica* Kinberg. Comme le fait observer le premier de ces auteurs, Mac Intosh indique 19 paires d'élytres, mais n'en figure que 16. Je n'en trouve moi-même que 15 sur l'exemplaire le moins incomplet, qui mesure 65 millimètres de longueur ; ces appendices sont disposés, comme d'ordinaire, sur les segments dont les numéros d'ordre sont les suivants : 2, 4, 5, 7, 9, 11, 13, 15, 17, 19, 21, 23, 26, 29 et 32, le premier segment portant les cirres tentaculaires.

Les soies que j'ai étudiées sont plus conformes aux figures données par Mac Intosh qu'à celles d'Ehlers. Les soies dorsales présentent des stries parallèles légèrement marquées, comme le représente Mac Intosh ; dans la très grande majorité des soies ventrales à cornets emboîtés, ceux-ci commencent à une distance du sommet plus grande que ne l'indique Ehlers.

Cet auteur mentionne fort justement la similitude que présente ce Polynoïdien antarctique avec le *Polynoe Kinbergi* Malmgren (1) des mers boréales.

Le *Polynoe antarctica* Kinberg a été signalé en divers points de la Terre de Feu et sur la côte du Chili (Calbucco).

Genre *HARMOTHOE* Kinberg Mgrn. s. ext.

Harmothoe hirsuta Johnson.

H.-P. Johnson, *A preliminary Account of the marine Annelids of the pacific Coast.* (Proceed. of the Calif. Acad. of Sciences, sér. III, Zool., vol. I, n° 5, San Francisco, 1897, p. 182).

E. Ehlers, *Anneliden der Sammlung Plate* (Zool. Jahrb., Suppl. Fauna chilensis, II, 1901, p. 253).
— *Die Polychæten des magellanischen und chilenischen Strandes* (Ein faunistischer Versuch, 1901, p. 42).

Je rapporte avec doute à cette espèce californienne décrite par Johnson, trouvée sur les côtes du Chili (Tumbes) par Plate, une *Harmothoe* en mauvais état récoltée à l'île Booth Wandel, par 40 mètres de fond.

L'article basilaire des cirres tentaculaires porte une soie, ce qu'Ehlers

(1) A.-J. MALMGREN, Nordiska Hafs Annulater (*Ofv. af Kongl. Vetensk.-Akad. Förhandl.*, p. 83, Tab. X, fig. 12).

considère comme un des traits caractéristiques de l'espèce ; mais j'observe la même particularité chez l'*Harmothoe spinosa* Kinberg. Le premier sétigère présente une petite languette médiane, qui déborde sur le prostomium.

La place des yeux antérieurs situés tout à fait en avant rappelle la disposition des mêmes organes chez l'*Harmothoe areolata* Grube et chez l'*Harmothoe imbricata*. Les élytres sont longuement frangés sur les bords ; leur face supérieure offre à considérer de nombreuses ponctuations.

Harmothoe spinosa Kinberg.

J.-G.-H. Kinberg, *Annulata nova* (Öfv. af Kongl. Vetensk.-Akad. Förhandl., 1865, p. 386. Fregatten Eugenies Resa, *Zool. Annulata*, t. VI, 31).

E. Ehlers, *Polychæten der hamburger magalhaensischen Sammelreise*, 1897, p. 12. —
— *Magellanische Anneliden* (Nachr. der k. Gesellsch. d. Wissensch., Göttingen, math.-phys. Klasse, 1900, p. 208).
— *Anneliden der Sammlung Plate* (Zool. Jahrb., Suppl. Fauna chilensis, II, 1901, p. 253).
— *Die Polychæten des magellanischen und chilenischen Strandes* (Ein faunistischer Versuch, 1901, p. 41).

Une vingtaine d'exemplaires de cette espèce ont été recueillis, soit à marée basse, sous les pierres, soit en dragage, jusqu'à 40 mètres de profondeur, à l'île Booth Wandel, au Port Charcot, à l'île Wincke, à la baie des Flandres et à l'île Moureau.

Ehlers a identifié à cette espèce le *Polynoe fullo* Grube (1) et la *Lagisca magellanica* Mac Intosh (2) avec ses deux variétés *Murrayi* et *Grubei*. Plusieurs des exemplaires provenant de l'Expédition antarctique ont une taille supérieure à celle des spécimens étudiés par Mac Intosh ; certains des premiers ont plus de 40 millimètres de longueur et 15 de largeur, tandis que le plus grand de ceux qui furent recueillis par le « Challenger » mesurait 32 millimètres de longueur et 10 millimètres de largeur. L'article basilaire des cirres tentaculaires porte une soie. Les soies des parapodes des exemplaires de l'Antarctique ressemblent

---

(1) Ed. Grube, Anneliden-Ausbeute « Gazelle » (*Monatsber. der k. Akad. der Wissensch.*, Berlin, 1877, p. 215).

(2) W.-C. Mac Intosh, The Voyage of « H. M. S. Challenger », Zool., vol. XII, p. 82, Pl. XIII, fig. 5 ; Pl. XVIII, fig. 3, 4 ; Pl. VIIa, fig. 1-2. — Id. (var. *Murrayi*), id., p. 83, Pl. XIX, fig. 4 ; Pl. IXa, fig. 13-14 ; (var. *Grubei*), id., p. 84, Pl. III ; fig. 5, Pl. XVIII, fig. 2 ; Pl. VIIa, fig. 14-16.

surtout à celles que Mac Intosh a figurées pour la variété *Grubei*. La pigmentation des élytres paraît présenter quelques variations.

Ehlers a fait remarquer que l'*Harmothoe spinosa* Kinberg est une des formes littorales les plus caractéristiques et les plus fréquentes de la Terre de Feu ; elle a été trouvée jusqu'à 150 brasses de profondeur. Elle est connue également aux îles Falkland et à la Géorgie du Sud.

FAMILLE DES *AMPHINOMIENS* Savigny.

Les Amphinomiens vivent surtout dans les contrées chaudes du globe ; ils paraissent se complaire dans les récifs coralliens, où on les trouve en abondance. Le genre *Euphrosyne* Savigny ne fait cependant pas défaut dans les régions froides. Sur les côtes de Magellan, Ehlers en mentionne quatre espèces, dont une n'est qu'une variété d'une espèce des mers du nord de l'Europe ; deux autres ont des affinités marquées pour des formes septentrionales ; c'est l'une de celles-ci, l'*Euphrosyne notialis* Ehlers, qu'a rapportée l'Expédition antarctique française.

Genre *EUPHROSYNE* Savigny.

Euphrosyne notialis Ehlers.

E. Ehlers, *Die Polychæten des magellanischen und chilenischen Strandes* (Ein faunistischer Versuch, 1901, p. 38, Taf. I, fig. 12-15).
—   *Magellanische Anneliden* (Nachr. der k. Gesellsch. der Wissensch., Göttingen, math.-phys. Klasse, 1900, p. 207).

Un exemplaire en bon état mesurant 11 millimètres de longueur et 5 de largeur a été recueilli dans la baie Biscoe. La forme des soies, celle des branchies, leurs dimensions relatives sont bien conformes à la description et aux figures données par Ehlers, dont les exemplaires provenaient du cap Valentyn, où ils ont été trouvés à 150 brasses de profondeur. Cet auteur a fait remarquer que cette espèce antarctique correspond à l'*Euphrosyne borealis* Sars, à laquelle elle est étroitement apparentée.

FAMILLE DES *FLABELLIGÉRIENS* de Saint-Joseph.

(*Pherusea* Grube, *Chlorémiens* de Quatrefages, *Siphonostomaceæ* Johnston.)

Aucune des trois espèces de Flabelligériens connues actuellement dans la région magellanique n'a été recueillie au cours de la Mission du D\^r Charcot dans l'Antarctique. En revanche, le D\^r Turquet a eu la bonne fortune de rapporter deux espèces nouvelles du genre type de la famille, *Flabelligera* Sars.

Genre *FLABELLIGERA* Sars (*Siphostomum* Otto, *Siphonostoma* Rathke, *Chloræma* Dujardin).

Flabelligera Gourdoni nov. sp. (1).
(Pl. III, fig. 28 ; Pl. IV, fig. 29-30.)

Un exemplaire entier et en bon état de cette espèce nouvelle a été dragué dans le Port Charcot, à 40 mètres de profondeur ; il mesure 21 millimètres de longueur, $3^{mm},5$ dans sa plus grande largeur et compte 19 sétigères. Le corps, dont les extrémités ne sont pas faciles à distinguer l'une de l'autre à première vue, est de teinte gris jaunâtre à cause des particules de vase fine et des grains de sable très ténus qui l'enveloppent complètement. Les parapodes se trouvent indiqués sur les deux faces latérales par de petits buissons constitués par les papilles recouvertes par les mêmes éléments vaseux que le reste du corps. La couche de mucus interposée entre cet étui minéral et le corps est mince et translucide.

La partie antérieure du corps est entourée par une sorte de cage à paroi semi-transparente, soutenue par de longues soies courbes cloisonnées, couvertes de papilles, à base envasée, ouverte sur les deux faces dorsale et ventrale. Sur celle-ci, l'ouverture de la cage laisse voir les deux palpes épais, allongés, avec un sillon médian ventral, entre lesquels on aperçoit les branchies beaucoup plus courtes (Pl. III, fig. 28). Les soies de la face ventrale sont plus longues que celles de la face

(1) Espèce dédiée à M. Gourdon, naturaliste attaché à la Mission antarctique française.

opposée; elles recouvrent complètement les palpes de chaque côté.

Le faisceau dorsal se compose de cinq ou six soies simples masquées par la gaine des papilles, dont les parties basilaires sont recouvertes de dépôts confluents de vase et de sable fin, et dont il faut les débarrasser pour les mettre à nu et les étudier. Ces soies (fig. 19, page 36), un peu arquées au voisinage de leur sommet, terminé en pointe grêle, présentent un petit nombre d'anneaux dans leur partie terminale (fig. 20, page 36); au delà, ces anneaux s'espacent beaucoup plus. Les soies formant la charpente de la cage antérieure ont des anneaux beaucoup plus nombreux, répartis sur une plus grande longueur. Toutes ces soies sont striées longitudinalement.

Dans la rame ventrale, la disposition est la même; il n'y a généralement qu'une seule soie; quelques rames en ont deux. Ces soies ankylosées ont une partie terminale en faux assez fortement recourbée (fig. 21, page 36); la hampe comme la pseudo-serpe sont striées obliquement; on remarque d'assez nombreux anneaux incomplets dans la partie la plus voisine de l'articulation. La base de ces soies très saillantes est empâtée dans une masse vaseuse hérissée de prolongements qui correspondent à autant de papilles (Pl. IV, fig. 29). Celles-ci, longuement pédiculées, un peu renflées dans leur région moyenne, ont leur extrémité libre sphérique: la surface de celle-ci paraît être couverte d'une toison de cils trapus (Pl. IV, fig. 30).

L'extrémité postérieure ne présente aucun appendice. Par sa taille et son aspect extérieur, ce Flabelligérien antarctique rappelle le *Flabelligera induta* Ehlers (1) de l'Amérique du Sud et de la Géorgie du Sud. Il en diffère par ses palpes relativement beaucoup plus développés, par

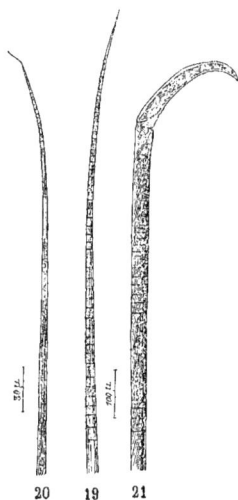

20   19   21
Fig. 19 à 21.

(1) E. EHLERS, Polychæten der hamburger magalhaensischen Sammelreise, 1897, p. 105, Taf. VII, fig. 168-173.

la forme des soies ankylosées et par celle des papilles, enfin par le
nombre beaucoup moindre de segments sétigères.

Flabelligera mundata nov. sp.
(Pl. IV, fig. 31-32.)

Cette seconde espèce de *Flabelligera* a été recueillie au même endroit
que la précédente, au Port Charcot, à 40 mètres de profondeur. Le plus
grand des deux exemplaires récoltés a 62 millimètres de longueur, 14 millimètres de largeur (dont 9 pour le corps proprement dit), dans la région
moyenne du corps, et compte 26 sétigères. L'autre a 45 millimètres de
longueur et 13 de largeur, dont 8 pour le corps seul. Celui-ci n'est pas
revêtu de sable ni de vase, de sorte que l'animal se laisse parfaitement
voir par transparence à travers l'épaisse couche extérieure de mucus.

La partie antérieure est, comme d'ordinaire, enfermée dans une sorte
de cage qui s'ouvre suivant une fente située dans le plan de symétrie et
qui est formée par des soies simples, arquées dans leur partie médiane
et qui ne diffèrent pas essentiellement de celles qui sont situées dans les
faisceaux dorsaux.

En écartant les parois de cette cage et en examinant l'animal sur la
face ventrale (Pl. IV, fig. 31), on voit les deux gros palpes épais, avec
un sillon médian et terminés par une large pointe mousse arrondie et
tangents dans leur région basilaire.

En arrière de ces palpes, sur la même face, on aperçoit les branchies,
qui sont fort nombreuses et qui sont creusées d'un sillon pigmenté en
brun violet.

La cavité circonscrite par les palpes et les branchies est remplie, chez
le plus petit exemplaire, par des œufs de couleur jaunâtre, sphériques
et plus ou moins adhérents les uns aux autres. Cette cavité serait-elle
incubatrice? Il y a là, en tout cas, une disposition très favorable à la
protection des jeunes.

La segmentation est indiquée extérieurement par les faisceaux de
soies tant dorsaux que ventraux. Ces faisceaux sont longs et grêles, ce
qui donne à l'animal une physionomie spéciale ; les dorsaux ont jusqu'à
18 millimètres de longueur à partir de la surface externe du mucus,

qui a plus de 2 millimètres d'épaisseur ; les ventraux ont jusqu'à 7 millimètres. Les points d'émergence de ces faisceaux à la surface du mucus
ne sont pas alignés de chaque côté et paraissent disposés d'une manière
irrégulière ; mais on peut voir par transparence les points d'insertion
vrais qui correspondent chacun à une émi-
nence conique bien marquée et qui sont,
eux, parfaitement alignés.

Les faisceaux dorsaux de soies sont formés de quatre à six soies, dont les extrémités seules sont visibles ; ils sont enve-
loppés, jusqu'auprès du sommet, d'une
gaine vaseuse couverte de papilles ; il en
est de même pour les parois de la cage antérieure. Les soies, striées longitudinalement,
ont un certain nombre d'anneaux assez
régulièrement espacés, sauf au voisinage de
la pointe terminale, où ils sont plus rapprochés (fig. 22, page 38).

Les faisceaux ventraux, insérés sur une
saillie beaucoup moins forte que les dorsaux, aussi grêles et moins longs, sont, en
général, composés de quatre soies anky-

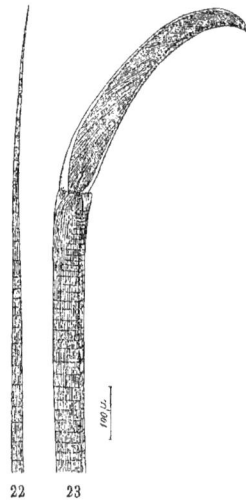

22   23
Fig. 22 et 23.

losées à pseudo-serpe assez fortement recourbée au sommet, avec
des stries courbes (fig. 23, page 38). La hampe, légèrement quadrangulaire, striée obliquement en long, a des anneaux uniformément espacés. Les faisceaux de la partie postérieure du corps n'ont
que deux soies ou même une seule. La gaine qui recouvre les faisceaux
de soies est tapissée de papilles renflées dans leur partie moyenne et
légèrement dilatées en une tête sphérique, à contenu granuleux à l'extrémité libre (Pl. IV, fig. 32).

Le corps se termine à l'extrémité postérieure en pointe mousse ;
l'anus s'ouvre un peu au-dessus du niveau de la dernière paire
de faisceaux dorsaux ; les derniers faisceaux ventraux sont situés
immédiatement au-dessous de ceux-ci et tout près d'eux.

Par ses dimensions et son aspect général, cette espèce se rapproche du *Flabelligera* (*Siphonostomum*) *diplochaitos* Otto (1) ; il en diffère complètement par les caractères des soies ankylosées, par le nombre moindre des segments et par sa forme plus trapue ; un exemplaire de *Flabelligera diplochaitos* de 70 à 80 millimètres de longueur a 7 millimètres de largeur et une quarantaine de segments.

FAMILLE DES *MALDANIENS* Savigny.

Jusqu'ici, on n'a décrit que trois Maldaniens du genre *Clymene* Savigny provenant des côtes de Magellan. Encore faut-il noter qu'actuellement une seule d'entre elles, *Clymene grossa* Baird, peut leur être attribuée en propre, car les deux autres espèces, *Clymene kerguelensis* Mac Intosh et *Clymene assimilis* Mac Intosh ont été antérieurement trouvées aux îles Kerguelen, au cours de l'exploration du « Challenger ». Il est intéressant de remarquer ici que les trois espèces nouvelles rapportées par l'Expédition antarctique française se rangent dans autant de genres différents qui n'ont encore aucun représentant dans les mers australes.

Genre *RHODINE* Malmgren, Ehlers, char. emend.

Rhodine antarctica n. sp.
(Pl. IV, fig. 33-37.)

Ce Maldanien est représenté dans la collection rapportée par l'Expédition antarctique française par un seul individu entier, en assez bon état de conservation, dragué à 40 mètres de profondeur dans le Port Charcot. La longueur est de 17 millimètres, la plus grande largeur de $0^{mm},9$. Aux quatrième, cinquième, sixième, septième, huitième et neuvième sétigères, on observe des anneaux blancs en avant des

---

(1) OTTO, De Sternaspide thalassemoideo et Siphostomate diplochaito ; Animalium maritimorum nondum editorum genera duo descripsit Otto (*Nova acta nat. cur.*, t. X, 1821, p. 628, Pl. LI).

plaques onciales. La coloration du corps, certainement affaiblie dans l'alcool, est pâle. Le tube fait défaut.

Le prostomium est soudé intimement au premier sétigère ; il forme en avant une languette à contour arrondi sur laquelle on ne distingue pas de trace de carène frontale (Pl. IV, fig. 34). Sur la face ventrale, la bouche s'ouvre largement et laisse voir trois bourrelets, un médian supérieur et deux latéraux, sur lesquels on n'aperçoit aucune papille (Pl. IV, fig. 35). Il n'y a pas le moindre indice de séparation d'un premier segment achète dit buccal. Le prostomium et le premier séti-gère sont tout d'une venue, et leur longueur dépasse celle des trois séti-gères suivants (Pl. IV, fig. 33).

Les quatre premiers sétigères ne portent que des soies dorsales semblables à celles des autres segments. Le second et le troisième sétigère s'évasent en avant de façon à former une collerette qui entoure la base des segments précédents. Le quatrième sétigère est un peu moins long que le second et le troisième. Les segments restent courts jusqu'au onzième sétigère, puis s'allongent progressivement jusqu'au dix-huitième. Ce dernier présente à son bord postérieur une collerette semblable à celle des bords antérieurs du second et du troisième sétigères. Les quatre segments qui suivent sont très courts, mais complets. Le vingt-deuxième et dernier est complètement soudé au pygidium et à la cloche qui enveloppe celui-ci.

Les soies dorsales reculent de plus en plus vers la limite postérieure des segments, d'avant en arrière ; elles sont fines et très étroitement limbées sur l'un des bords (fig. 24, page 41) ; quelques-unes ont un limbe très réduit sur chacun des bords. Il n'existe pas de soies d'un autre type aux faisceaux dorsaux.

Les crochets ventraux situés un peu en avant du sillon postérieur de chaque segment ne commencent qu'au cinquième sétigère. Jusqu'au douzième inclusivement, ils sont disposés sur deux rangées, alternant de l'une à l'autre ; ceux de la première rangée ont leurs pointes tournées en avant ; celles de la seconde ont une disposition inverse. Du treizième au vingt-deuxième, il n'y a plus qu'une rangée unique à pointe orientée vers la partie antérieure. Sauf dans les cinq ou six derniers segments, où il existe de chaque côté une sorte de tore, ces rangées de crochets ne formant pas de saillie à la surface du tégument. Ces soies, vues de profil (Pl. IV, fig. 36), montrent, au-dessus de la dent principale, deux autres dents, dont la seconde est à peine distincte ; au-dessous est une forte pointe médiane conique et, sur le bord opposé, une saillie correspondant à un épaississement sur la partie profonde de la dent ; le manubrium est court. Vues de face (Pl. IV, fig. 37), ces soies présentent, au-dessus de la dent principale inférieure, une rangée transversale de trois dents plus petites, puis un nombre assez grand, difficile à fixer, de denticules plus réduits.

Le pygidium (Pl. IV, fig. 35), à l'extrémité duquel s'ouvre l'anus au pourtour festonné, est entouré par une sorte de cloche tronquée obliquement et s'évasant sur la face ventrale.

La *Rhodine Loveni* Malmgren (1) des côtes danoises et suédoises ressemble à l'espèce décrite ci-dessus par les caractères généraux de la partie antérieure du corps. Mais le Maldanien antarctique s'en sépare nettement par la forme du prostomium, qui est dépourvu de carène ; par l'absence de papilles sur les bourrelets latéraux de la cavité buccale ; par les dimensions relatives des segments dans toute l'étendue du corps ; par l'unique collerette postérieure au cinquième avant-dernier segment et enfin par la forme des crochets ventraux, si différente ici de celle qu'on observe chez les autres Maldaniens.

Chez la *Rhodine sima* Ehlers (2), de la pointe sud de la Floride, le premier segment est beaucoup plus court que dans les deux espèces précédentes ; le sixième et le septième sétigères semblent fusionnés, car ils ne sont séparés par aucun sillon ; les plaques onciales existent au quatrième sétigère et, de plus, le premier sétigère est nettement séparé

Fig. 24.

---

(1) A.-J. MALMGREN, Annulata Polychæta (*Öfv. uf Kongl. Vetensk.-Akad. Förhandl.*, 1867, p. 209, Tab. XI, fig. 64).

(2) E. EHLERS, Florida Anneliden (*Mem. of the Mus. of comp. Zool. at Harvard College*, vol. XV, 1887, p. 189, Taf. XLVII, fig. 6-10).

du prostomium soudé au segment dit buccal. L'auteur n'a pu donner aucun renseignement sur la partie postérieure du corps mal conservée chez l'exemplaire unique qu'il a eu à sa disposition.

Genre *LEIOCHONE* Grube.

Leiochone singularis n. sp.
(Pl. V, fig. 38-42.)

Un seul exemplaire, en deux fragments, de ce Maldanien a été récolté à l'île Booth Wandel, à marée basse. La longueur est de 14 millimètres ; le maximum de largeur de $0^{mm},6$; le nombre des sétigères, de 19.

Le corps, très grêle, ne présente pas de pigmentation. La largeur des segments croît très lentement du premier au sixième sétigère (Pl. V, fig. 38) ; le septième et le huitième ne sont pas séparés l'un de l'autre et assez courts ; les segments du neuvième au dix-septième sont les plus longs ; les trois derniers sont encore assez développés ; le pénultième est plus court que l'antépénultième et que le dernier.

Le prostomium est soudé intimement au premier segment achète ; il se prolonge en avant de la bouche en une sorte de mufle ; vu dorsalement (Pl. V, fig. 39), il paraît dépourvu de carène médiane, mais on observe de chaque côté une dépression longitudinale. Tout en avant, il existe également, de part et d'autre du prostomium, d'assez nombreuses taches pigmentaires, qui sont peut-être oculaires. Sur la face ventrale (Pl. X, fig. 40), l'orifice buccal paraît limité sur les côtés et en arrière par un bourrelet assez épais, qui est peut-être la partie antérieure de la trompe dévaginée.

Le premier sétigère est séparé du segment précédent par un sillon bien marqué et possède de chaque côté un faisceau dorsal de même composition que ceux des segments suivants, avec deux sortes de soies. Les unes, très saillantes, au nombre de deux, sans limbe apparent, sont élargies en spatule dans leur portion terminale étirée en une pointe acérée et couvertes de stries obliques, qui se rejoignent sur la ligne médiane (fig. 25, p. 43). Les autres soies, au nombre de trois, beaucoup moins saillantes, plus fines, coudées assez fortement à leur point d'émergence, se terminent par une lame très mince, souvent volubile, dont un bord est garni de longs cils très serrés les uns contre les autres (fig. 26, p. 43). Ce nombre de soies varie peu dans toute la longueur du corps.

Il n'y a plus qu'une soie en spatule dans les segments postérieurs; le nombre des soies coudées à bord cilié ne dépasse pas quatre ou cinq.

Aux deux premiers sétigères, la rame ventrale n'est représentée que par une soie aciculaire unique; au troisième, il y en a deux. Je n'ai pu étudier ces soies, n'ayant à ma disposition qu'un seul exemplaire que je ne voulais pas sacrifier. Aux autres fragments, cette rame est formée par un petit nombre (qui ne dépasse pas dix) de crochets. Il n'y en a que cinq au quatrième sétigère, six au cinquième; ce nombre est également très réduit dans les derniers segments. Ces crochets, qui ne s'insèrent pas sur des bourrelets saillants, sont tout spéciaux (Pl. V, fig. 42). La grosse dent basilaire est surmontée par cinq autres de taille décroissant vers le vertex. La barbule sous-rostrale est étroite. Au-dessous du point d'émergence est un très gros renflement;

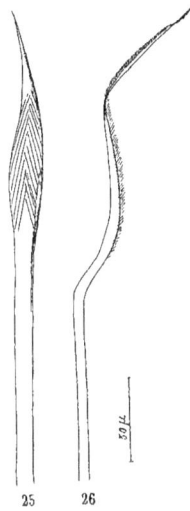

25   26

Fig. 25 et 26.

la partie profonde est courte, étroite et très fortement recourbée.

Les derniers segments du corps sont bien développés et pourvus de soies. Le corps se termine par une collerette courte à bord non festonné (Pl. V, fig. 41); l'anus débouche au fond et au centre de celle-ci, qui ne montre aucune saillie conique.

Le Maldanien décrit-ci-dessus diffère nettement de *Leiochone clypeata* de Saint-Joseph (1) : 1° par la forme du prostomium; 2° par la partie postérieure du corps, qui, chez la *Leiochone clypeata*, ne possède que des segments très réduits; 3° et surtout par la forme totalement différente des soies; les soies en spatule et les soies volubiles s'éloignent complè-

(1) Baron DE SAINT-JOSEPH, Les Annélides Polychètes des côtes de Dinard, 3° partie (*Ann. des Sc. nat.*, *Zool.*, 7° série, t. XVII, 1894, p. 139, Pl. II, fig. 167-175).

tement des soies limbées et des soies pennées de l'espèce de la Manche ; il n'y a pas davantage de rapprochement à faire entre les crochets ventraux des deux types en question ; peut-être y aurait-il lieu de faire ici une coupe générique fondée essentiellement sur les caractères des soies ; 4° enfin par le nombre des segments, dix-neuf ici, vingt-cinq dans l'espèce décrite par Saint-Joseph. Comme le fait remarquer cet auteur, il est difficile de tenir compte de la *Leiochone leiopygos* Grube (1), qui possède trente segments, car Grube (2) déclare qu'il n'est pas certain que la partie antérieure et la partie postérieure, qui ont servi à créer cette espèce, appartiennent bien au même animal.

Genre *PETALOPROCTUS* de Quatrefages.

Petaloproctus sp. ?
(Pl. V, fig. 43-44.)

Le tube qui contenait ce Maldanien portait l'indication suivante : Vers trouvés dans l'estomac de Poissons secs, île Wincke, 7 février 1904. Ces Vers n'étaient autres que trois fragments en médiocre état de conservation d'un Maldanien, qui appartient très vraisemblablement au genre *Petaloproctus* de Quatrefages. Le plus grand et le moins mutilé de ces fragments mesure 25 millimètres de longueur, $3^{mm},2$ dans sa plus grande largeur et correspond aux cinq premiers sétigères, dont le dernier n'est pas entier.

Le prostomium est soudé au premier segment achète ; sur sa face dorsale, deux sillons délimitent une carène large et peu saillante ; la face ventrale montre l'orifice transversal correspondant à la bouche. La longueur des segments croît du premier au troisième sétigère ; le quatrième est un peu plus court que ce dernier (Pl. V, fig. 43).

Les soies dorsales sont de deux sortes : les unes, assez fortes, un peu coudées, colorées en jaune, étroitement limbées, d'un côté seulement

---

(1) Ed. Grube, Beschreibung neuer oder wenig bekannten Anneliden (*Arch. für Naturgesch.*, 1860, t. I, p. 94, Pl. IV, fig. 3).
(2) E. Grube, Die Familie der Maldaniden (*Jahresber. der schles. Gesellsch. für* 1867, Breslau, 1868, S. A., p. 5).

(fig. 27, p. 45); les autres, beaucoup plus fines, incolores, presque droites (fig. 28, p. 45). Dans la partie terminale, de petites écailles disposées presque parallèlement au bord de la soie, de chaque côté, y dessinent des saillies peu marquées, sauf au voisinage de l'extrémité, où elles sont plus visibles. Les rames ventrales comprennent, de chaque côté, une soie aciculaire au premier sétigère, deux et parfois et trois, aux trois suivants; ces soies presque droites, robustes, sont terminées en pointe mousse (Pl. V, fig. 44). Au cinquième sétigère, il existe de chaque côté une rangée de onze crochets de forme différente de celle des précédents. La partie externe presque droite, montre, au-dessus de la grosse dent terminale, deux autres dents en pointe mousse un peu recourbées et une quatrième à peine visible; au-dessous, on voit trois barbules sous-rostrales. La partie profonde est légèrement arquée, renflée au-dessous du point d'émergence (fig. 29, p. 45).

Avec son prostomium sans plaque limbée, sa rangée unique de crochets avec barbules sous-rostrales aux segments uncinigères, ses soies aciculaires ventrales aux quatre premiers segments antérieurs, le Maldanien décrit ci-dessus se range dans l'un des quatre genres suivants, que l'on distingue par la forme du pygidium, qui fait malheureusement défaut ici : *Nicomache* Malmgren, *Leiochone* Grube, *Petaloproctus* de Quatrefages et *Lumbriclymene* Sars.

Fig. 27 à 29.

Les *Leiochone* ont des soies dorsales pennées; les *Nicomache* des soies à petites écailles alternantes ou opposées; les *Lumbriclymene* n'ont que des soies limbées. Il ne reste que le genre *Petaloproctus*, chez lequel il existe des soies avec de petites écailles semblables à celles qui sont mentionnées plus haut; de sorte que le Maldanien antarctique appartient très probablement à ce dernier genre. Cette espèce diffère nette-

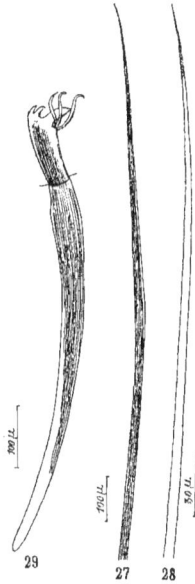

ment du *Petaloproctus terricola* de Quatrefages (1) par la forme du prostomium et par celle des crochets ventraux.

FAMILLE DES *AMPHARÉTIENS* Malmgren.

Les Ampharétiens sont, comme l'a justement fait observer Ehlers, des Polychètes des régions boréales et des profondeurs. Levinsen (2) en mentionne dix-sept espèces dans les mers du nord de l'Europe ; parmi les quinze espèces capturées par le « Challenger » (3), cinq proviennent de profondeurs comprises entre 135 et 850 mètres, et les dix autres ont été prises entre 2000 et 5000 mètres environ. Dans la région de la Terre de Feu, on ne connaît qu'un seul type, l'*Ampharete patagonica* Kinberg, celui qui, précisément, a été dragué à 110 mètres profondeur dans la baie Biscoe, par l'Expédition antarctique française. Ehlers a signalé le contraste frappant entre la pauvreté en Ampharétiens des mers australes et la richesse à ce point de vue des contrées boréales.

Genre *AMPHARETE* Malmgren.

Ampharete patagonica Kinberg.

J.-G.-H. Kinberg, *Annulata nova*. (Öfv. af Kongl. Vetensk.-Akad. Förhandl., 1866, p. 343).
E. Ehlers, *Polychæten der hamburger magalhaensischen Sammelreise*, 1897, p. 129.
— *Magellanische Anneliden* (Nachr. der K. Gesellsch. der Wissensch., Göttingen, math.-phys. Klasse, 1900, p. 220).
— *Die Polychæten des magellanischen und chilenischen Strandes* (Ein faunistischer Versuch, Berlin, 1901, p. 206).

Je rapporte avec quelque doute à l'espèce décrite très sommairement par Kinberg un *Ampharete* dragué à 110 mètres de profondeur dans la baie Biscoe. L'exemplaire unique, entier, en assez bon état, est dépourvu de branchies, qui, comme on le sait, sont caduques chez les Ampharé-

(1) A. DE QUATREFAGES, Histoire naturelle des Annelés, t. II, p. 247.
(2) G.-M.-R. LEVINSEN, Systematik geographiske Oversigt (*Meddel. natur. För.*, Kjöbenhavn, 1883, p. 304).
(3) W.-C. MAC INTOSH, The Voyage of « H. M. S. Challenger », Report on the Polychæta, 1885, p. 304.

tiens. Par ses tentacules pennés, par la forme de ses plaques onciales subquadrangulaires, par l'absence de cirre au mamelon pédieux, il se range sûrement dans le genre *Ampharete*. La détermination spécifique est plus embarrassante, à cause de la diagnose, très courte, sans figure et tout à fait insuffisante de Kinberg.

Cette espèce paraît être localisée, du moins d'après l'état de nos connaissances actuelles, dans la pointe extrême de l'Amérique du Sud et la région antarctique. Elle a déjà été signalée, en effet, au cap Virginie (Kinberg), à Puerto Bridges, Terre de Feu du Sud (Michaelsen), à Puerto Eugenia, à Ultima Esperanza et à Tribune Bank (Nordenskjöld), à des profondeurs inférieures à 60 mètres.

FAMILLE DES *TÉRÉBELLIENS* Grube (Malmgren rev.).

Les Térébelliens de l'Expédition antarctique française comprennent six espèces correspondant à autant de genres différents. Deux d'entre elles, la *Pista cristata* O.-F. Müller et le *Thelepus spectabilis* Verrill, ont été trouvées antérieurement dans le sud de l'Amérique; la première est presque cosmopolite, puisqu'elle existe dans les mers du nord de l'Europe et de l'Amérique; la seconde est très répandue sur les côtes de l'Amérique du Sud et paraît être le Térébellien le plus commun sur le littoral de la Terre de Feu. Des quatre autres espèces qui sont nouvelles, trois appartiennent aux genres *Terebella*, *Leæna*, *Polycirrus* représentés par d'autres formes dans la région magellanique. La quatrième se rapporte au genre *Lysilla*, peu riche en espèces et qui, jusqu'ici, semblait confiné dans l'hémisphère nord.

Genre *TEREBELLA* L., de Saint-Joseph char. emend.

Terebella Ehlersi n. sp.
(Pl. V, fig. 45-46.)

Un exemplaire de cette espèce a été trouvé sous les galets, à marée basse, à l'île Booth Wandel ; un dragage à 40 mètres de profondeur au large de celle-ci a fourni un second exemplaire ; un troi-

sième individu a été recueilli près de l'île Wincke, à 30 mètres de
profondeur.

Le premier est un beau spécimen entier de 10 centimètres de longueur,
de 8 millimètres de largeur, dans la partie antérieure, la plus développée. Le nombre des segments est d'environ quatre-vingt-dix ; les derniers, presque indistincts, sont difficiles à compter. La largeur décroît
graduellement d'avant en arrière. La couleur de l'animal conservé est
d'un jaune brun clair uniforme.

Le corps est aplati sur la face ventrale et fortement bombé sur la face
dorsale. La partie antérieure est entourée d'une épaisse collerette
s'élargissant à partir de sa base jusqu'à son bord libre, qui est ondulé ;
celle-ci, recouverte entièrement par de longs tentacules canaliculés et
fort nombreux, est ouverte largement sur la face ventrale. En avant de
la bouche est une sorte de bourrelet formant comme une lèvre inférieure ou ventrale. Il n'y a pas trace de taches oculaires. Sur la face ventrale, on compte quatorze boucliers, dont la largeur diminue assez régulièrement à partir du cinquième.

Le second segment porte la première paire de branchies arborescentes ;
le segment suivant est pourvu d'une seconde paire d'organes de même
forme insérés un peu plus dorsalement ; de chaque côté, entre la première et la seconde branchie, on voit une papille très saillante. Ces deux
premiers segments sont achètes. Le quatrième segment possède de
chaque côté une branchie, celle de la troisième paire et le premier
faisceau de soies. La troisième branchie est située un peu plus dorsalement que la seconde. Chacun de ces organes possède un gros tronc
basilaire court, qui se ramifie abondamment ; les deux paires postérieures
sont plus développées que la première.

Le premier faisceau de soies est un plus réduit que les suivants ; au
second sétigère, apparaît le premier tore ventral, un peu plus court que
ceux qui viennent immédiatement en arrière. Je compte cinquante-quatre
sétigères ; mais il y en a probablement davantage, car, en avant du cin-
quante-quatrième faisceau, on voit plusieurs segments dont les soies se
sont sans doute brisées et ne laissent plus de trace apparente. Entre le
faisceau dorsal et le tore du neuvième torigère, on voit une petite papille.

Le faisceau dorsal, porté par une saillie assez forte du tégument, présente un faisceau de soies disposées en éventail, toutes du même type. Ce sont des soies grêles, ni limbées, ni ailées, plus ou moins coudées à l'extrémité; celle-ci, très mince, toujours tordue dans sa partie terminale, montre sur son bord convexe une pectination très marquée, due peut-être à un plissement marginal. Ce qui varie seulement, c'est la valeur de l'angle formé par la partie basilaire de la soie et le limbe pectiné, dont la pointe est d'une ténuité extrême (fig. 30 et 31, p. 49).

Aux tores des premiers segments, il n'y a qu'une seule rangée de soies rétrogressives; aux segments suivants, il existe une double rangée de soies opposées; dans la partie postérieure, il n'y en a, à nouveau, qu'une seule rangée. Les plaques onciales, vues de profil (Pl. V, fig. 45) montrent au-dessus de la grande dent principale quatre autres dents de taille décroissant vers le vertex, nettement détachées les unes des autres. Un peu au-dessus du niveau de la pointe de la grande dent principale, est une éminence correspondant au *Schützpolster* de von Marenzeller. La partie inférieure s'élargit assez fortement; au-dessus de la région élargie est une saillie correspondant à l'insertion de l'une des soies-tendons; l'autre soie-tendon se fixe à l'extrémité opposée à celle qui est dentée. Vues de face (Pl. V, fig. 46), ces

30   31

Fig. 30 et 31.

plaques onciales présentent, au-dessus de la dent principale, une rangée de trois dents dont la médiane est un peu plus forte et un peu plus saillante que les deux autres; puis une rangée de quatre dents, dont les deux médianes sont un peu en saillie sur les latérales; puis enfin, au sommet, toute une série de dents plus petites, disposées moins régulièrement que les précédentes et difficiles à compter.

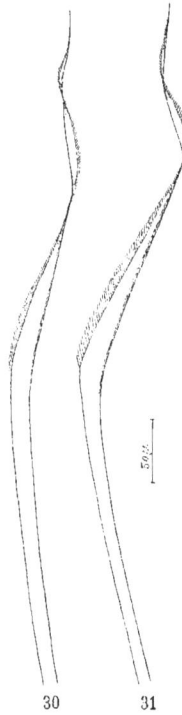

Ehlers (1) a décrit, sous le nom de *Leprea streptochæta*, une espèce qui diffère de la précédente par la forme des soies, tant dorsales que ventrales, et par le nombre des sétigères, réduit ici à dix-sept.

La *Leprea pterochæta* Schmarda (2), décrite par Mac Intosh sous le nom de *Schmardanella pterochæta* (3), a des uncini ressemblant à celles de l'espèce antarctique; mais les soies dorsales limbées de chaque côté au-dessous de la partie terminale coudée sont bien différentes de celles qui ont été signalées plus haut. Quant au nombre des faisceaux dorsaux, j'ai indiqué ailleurs (4) qu'il était sujet à des variations assez importantes.

Genre *LEÆNA* Malmgren, de Saint-Joseph char. emend.

Leæna Wandelensis n. sp.
(Pl. V, fig. 47-48.)

Un exemplaire de cette espèce a été ramené à la surface par la drague, de 48 mètres de profondeur, au Port Charcot; un second exemplaire, plus petit, provient de l'île Booth Wandel. Chacun d'eux était logé dans un tube cylindrique, à paroi unie, formée de grains de sable excessivement fins, mêlés d'un peu de vase; le tout est agglutiné par le mucus sécrété par l'animal.

La longueur du premier de ces deux spécimens, le plus grand, enroulé sur lui-même, est de 50 millimètres environ; la largeur, dans la partie antérieure du corps, où elle est maxima, est de $3^{mm},2$; elle diminue graduellement d'avant en arrière. Le nombre des segments est d'une soixantaine; les derniers, achètes, très serrés, sont difficiles à compter. La couleur de l'animal conservé est d'un brun clair uniforme.

La collerette est largement ouverte sur la face ventrale (Pl. V, fig. 47); les tentacules, disposés sur une seule rangée, sont peu nombreux, de

(1) E. EHLERS, Polychæten der hamburger magalhaensischen Sammelreise, 1901, p. 130, Taf. VIII, fig. 203-205.

(2) L.-K. SCHMARDA, Neue wirbellose Thiere, IIe Hälfte, 1861, p. 43.

(3) W.-C. MAC INTOSH, The Voyage of « H. M. S. Challenger », Report on the Polychæta, 1855, p. 449, Pl. LIII, fig. 1; Pl. XXVIIA, fig. 25-26.

(4) CH. GRAVIER, Contribution à l'étude des Annélides Polychètes de la mer Rouge, 3e partie (*Nouv. Archives du Mus. d'Hist. Nat.*, 4e série, t. VIII, 1906, p. 216, fig. 226-227, Pl. IV, fig. 386-387, dans le texte).

longueur médiocre et canaliculés. Le premier segment forme une lèvre saillante ventrale avec une échancrure bien marquée sur son bord libre ; en arrière de la bouche, un bourrelet bien développé forme une sorte de lèvre dorsale. Il n'y a ni taches oculaires ni branchies.

Le second et le troisième segment sont achètes ; de chaque côté, chacun d'eux est pourvu d'un limbe libre sur son bord antérieur, plus développé et s'avançant davantage vers la ligne médiane ventrale sur le second segment que sur le troisième.

Le premier des quinze mamelons sétigères dorsaux est porté par le quatrième segment et de dimensions moindres que ceux des segments suivants. Ceux-ci sont munis de chaque côté d'une languette portant un faisceau de soies disposées assez régulièrement sur deux rangées inégalement saillantes. Toutes sont plus ou moins fortement recourbées à leur extrémité libre, étirée en pointe fine ; les plus longues sont limbées également de chaque côté (fig. 32, p. 51) ; les moins saillantes sont, en général, plus fortement recourbées, avec un limbe beaucoup plus large sur l'un des bords que sur l'autre (fig. 33, p. 51). Les tores uncinigères commencent au cinquième segment ou au second sétigère et se continuent jusqu'à l'extrémité postérieure. Chacun d'eux est constitué par des plaques onciales montrant, de profil, cinq dents superposées (fig. 34, p. 51) ; mais, à partir de la dent inférieure, les autres sont multiples ; celles qui sont au sommet comptent un grand nombre de dents très fines disposées transversalement. Les quatre premiers tores ne possèdent qu'une seule rangée de plaques onciales rétrogressives ; aux tores cinquième et sixième, les plaques sont engrenantes ; à partir

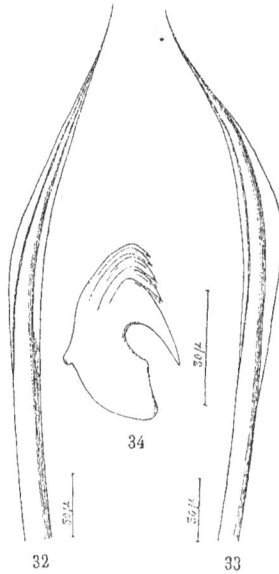

Fig 32 à 34.

du septième, il y a deux rangées nettement distinctes : les antérieures, progressives ; les postérieures, régressives. Au delà du deuxième tore uncinigère abdominal, il n'y a plus qu'une seule rangée de plaques. Les tores uncinigères ne forment aucun bourrelet à la surface du corps, sauf à la partie postérieure, où ils constituent des languettes saillantes ; les derniers segments entourent l'orifice anal situé à l'extrémité du corps et un peu dorsalement.

C'est de l'espèce type du genre *Lexna abranchiata* Malmgren (1) que l'espèce antarctique se rapproche le plus par ses membranes alaires du second et du troisième segment, par ses languettes uncinigères de la partie postérieure du corps et par le nombre des segments. Elle en diffère un peu par la forme des plaques onciales et surtout par le nombre des segments sétigères (réduit à dix dans l'espèce décrite par Malmgren), qui la placerait dans le genre *Lanassa* Malmgren.

Elle se distingue nettement par la forme des crochets de la *Lexna antarctica* Mac Intosh (2) draguée à plus de 3 500 mètres de profondeur par le « Challenger », en pleine mer, tout au sud de l'Océan Indien, par 62° 26′ de latitude sud; en outre, cette espèce, à dix segments sétigères, probablement, présente à la partie postérieure une coupe terminale toute spéciale. Par les plaques onciales, l'espèce antarctique (*Lexna Wandelensis* nov. sp.) se sépare de la *Lexna abyssorum* Mac Intosh (3) (dont le baron de Saint-Joseph a fait le genre *Bathya*) et de la *Lexna neozelandiæ* Mac Intosh (4). Elle se rapproche davantage à ce point de vue de la *Lexna Langerhansi* Mac Intosh (5), très incomplètement connue, Mac Intosh n'ayant eu entre les mains qu'un fragment de 9 millimètres de longueur.

(1) A.-J. MALMGREN, Nordiska Hafs-Annulater (*Öfv. af Kongl. Vetensk. — Akad. Förhandl.*, 1865, p. 385 ; Tab. XXIV, fig. 64).
(2) W.-C. MAC INTOSH, The Voyage of « H. M. S. Challenger », Report on the Annelida Polychæta, 1885, p. 462, Pl. XLVIII, fig. 9-10 ; Pl. XXVIIIA, fig. 10-11.
(3) *Id.*, p. 461, Pl. XXVIIIA, fig. 8-9.
(4) *Id.*, p. 460, Pl. LI, fig. 3; Pl. XXVIIIA, fig. 2-3.
(5) *Id.*, p. 464, Pl. XXVIIIA, fig. 12.

Genre *PISTA* Malmgren, von Marenzeller char. emend.

Pista cristata O.-F. Müller.

O.-F. Müller, *Zool. Dan. Prodr.*, 1776, p. 216 ; *Zool. Dan.*, fasc. II, p. 40, Tab. LXX.
A.-J. Malmgren, *Nordiska Hafs-Annulater.* (Ofv. af Kongl. Vetensk. — Akad. För-
    handl., 1865, p. 382, Tab. XXII, fig. 59).
E. Ehlers, *Magellanische Anneliden* (Nachr. der K. Gesellsch. der K. Wiss., Göttingen,
    math.-phys. Klasse, 1900, p. 221).
—   *Die Polychæten des magellanischen und chilenischen Strandes* (Ein faunis-
    tischer Versuch, 1901, p. 213).

Ce Térébellien est certainement l'une des formes représentées par le
plus grand nombre d'individus dans la collection d'Annélides Polychètes
rapportée par l'Expédition antarctique française. Une trentaine d'individus de différentes tailles ont été recueillis, les uns, à mer basse, dans la
baie des Flandres ; les autres, dans les matériaux de dragage pratiqués à
des profondeurs variant de 25 à 40 mètres dans la baie Biscoe ou dans le
Port Charcot. Les plus grands d'entre eux ont un peu plus de 90 millimètres de longueur, 7 de largeur avec 80 segments environ. Ce sont là
des dimensions supérieures à celles qu'a indiquées Malmgren : 55 à
60 millimètres de longueur, $3^{mm},5$ à 5 millimètres de largeur. Tous ces
exemplaires ont 17 sétigères thoraciques, deux paires de branchies avec
les limbes latéraux bien développés au troisième segment, qui est le
second branchifère ; les soies capillaires et les plaques onciales présentent nettement les caractères figurés par Malmgren. La paroi du tube
est presque unie et formée de petits grains de sable agglutinés.

Cette espèce est répandue dans les mers du nord de l'Europe et de
l'Amérique, sur les côtes anglaises et dans la Méditerranée.

Genre *THELEPUS* Leuckart (Malmgren, Grube, de Saint-Joseph rev.).

Thelepus spectabilis Verrill.

A.-E. Verrill, *Natural history of Kerguelen Island Annelids and Echinoderms* (Bull.
    U. S. Nat. Museum, n° 3, II, 1876).

Ehlers (1) a donné la synonymie et la bibliographie relatives à cette

(1) E. EHLERS, Die Polychæten des magellanischen und chilenischen Strandes (*Ein faunistischer
Versuch*, Berlin, 1904, p. 210).

espèce, qui a été trouvée en de très nombreux points des côtes orientales et occidentales de l'Amérique du Sud et qui paraît être le Térébellien le plus répandu sur le littoral de la Terre de Feu ; on l'a recueilli cependant jusqu'à près de 220 mètres (120 fathoms) de profondeur. C'est de dragages faits à des profondeurs comprises entre 20 et 40 mètres que proviennent les sept exemplaires apportés par le Dr Turquet ; quatre d'entre eux ont été trouvés dans le Port Charcot ; les trois autres, près de l'île Booth Wandel.

Un bel exemplaire, sans tube, du Port Charcot, ne mesure pas moins de 15 centimètres de longueur ; la plus grande largeur, dans la partie antérieure du corps, est de 10 millimètres ; le nombre de segments, d'une centaine. Les vingt derniers environ ne portent pas de faisceaux de soies capillaires, dont quelques-uns ont pu être brisés. Les plaques onciales ont très exactement la forme indiquée par Mac Intosh pour sa *Neottis antarctica*.

Le tube est construit avec des grains de sable grossier ; une quantité de corps étrangers sont fixés sur sa paroi, notamment des valves de Lamellibranches, des Ascidies simples, des colonies d'Ascidies composées, etc.

Genre *POLYCIRRUS* Grube, de Saint-Joseph, Char. emend.

Polycirrus insignis n. sp.

Un seul exemplaire de ce *Polycirrus* provient d'un dragage à 40 mètres de profondeur dans le Port Charcot. La longueur est de 25 millimètres ; la plus grande largeur, dans la partie antérieure du corps, de 3 millimètres. La couleur de l'animal conservé est d'un brun clair uniforme. Le corps, rempli d'œufs dont le développement paraît avancé, se rétrécit fortement et assez brusquement à partir du segment porteur de la quatrième paire de tores uncinigères. La séparation des segments est beaucoup plus marquée dans la partie effilée que dans les premiers segments abdominaux et les derniers segments thoraciques. Un certain nombre d'entre eux sont même subdivisés par une dépression aussi profonde que les sillons intersegmentaires. L'anus est terminal.

Une haute collerette à bord libre ondulé entoure la partie antérieure
du corps et est ouverte sur la face ventrale. Vis-à-vis cette ouverture,
le premier segment forme une saillie à surface plissée, de même largeur
qu'elle, dessinant ainsi une sorte de lèvre inférieure ou
ventrale. En arrière, sur la face dorsale, l'orifice buccal
est limité par un bourrelet demi-circulaire. On n'observe
ni taches oculaires ni branchies.

Au quatrième segment, apparaît la première des onze
paires de faisceaux sétigères. Il n'existe aucun tore uncinigère thoracique. Les soies sont portées par de petites
languettes comprimées, plus étroites à leur insertion que
sur leur bord libre, qui se rapprochent un peu de la face
ventrale d'avant en arrière. Ces soies capillaires (fig. 35,
p. 55) grêles, plus ou moins fortement coudées dans
leur partie terminale, un peu élargies au niveau du coude,
ne sont pas limbées, mais leur bord convexe terminal
présente de fines striations obliques.

Au premier sétigère, correspond un plastron ventral
légèrement déprimé dans la région médiane ; aux cinq
segments suivants, il existe de chaque côté un plastron
nettement distinct du précédent et du suivant ; les deux
plastrons d'un même segment sont d'ailleurs largement
séparés l'un de l'autre. Ces saillies se réduisent beaucoup
au septième sétigère ; au huitième, elles sont à peine

35

Fig. 35.

discernables ; il n'en reste plus trace aux trois derniers sétigères. Aux
quatrième, cinquième et sixième sétigères, on voit, à la base du faisceau, ventralement et de chaque côté, un orifice au centre d'un petit
bourrelet circulaire.

Les segments abdominaux, au nombre de 28, portent de chaque côté
une pinnule dont la saillie va en s'accentuant d'avant en arrière du premier au douzième segment abdominal, puis se réduit dans la seconde
région de l'abdomen pour disparaître presque complètement dans les
derniers segments. Ces pinnules présentent sur leur bord libre des
plaques onciales de forme assez spéciale, bien qu'ayant le facies général

de celles qui caractérisent la tribu des *Polycirridea* de Malmgren. Les trois dents sont très divergentes ; l'inférieure et la plus grande est très robuste et a ses deux bords convexes (fig. 36, p. 56). La partie basilaire est assez longue et arquée. Sur le bord interne concave, il y a une saillie bien nette ; sur le bord convexe, une autre éminence plus forte sur laquelle s'attache une soie-tendon ; l'autre soie-tendon se fixe à l'extrémité profonde. Des stries fortement accusées, normales au bord externe, s'observent tout le long de ce dernier.

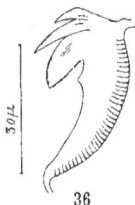

Fig. 36.

Ce *Polycirrus* appartient au groupe des espèces du genre qui ne possèdent pas de plaques onciales au thorax, ce sont : *Polycirrus medusa* Grube, *Polycirrus boholensis* Grube (1), *P. albicans* Malmgren (2), *P. Smitti* Malmgren (3), *P. (Aphlebina) hæmatodes* Claparède (4). Il se distingue nettement de toutes ces espèces par la forme de ses plaques onciales.

Genre *LYSILLA* Malmgren.

Lysilla Mac Intoshi nov. sp.

Les dragages dans le Port Charcot ont ramené de profondeurs comprises entre 25 et 40 mètres trois exemplaires de cette espèce nouvelle. Celui qui est conservé dans le meilleur état a 14 millimètres de longueur ; la partie antérieure du corps, fortement renflée, a 3 millimètres de largeur. La couleur de l'animal, qui est resté dans l'alcool depuis sa capture, est d'un brun jaune, dont la teinte s'assombrit un peu dans la partie postérieure du corps.

Comme chez la plupart des Polycirriens, les tentacules sont de deux sortes : les uns, filiformes, conservent à peu près le même calibre dans toute leur étendue ou se dilatant un peu au voisinage de leur extrémité

---

(1) Ed. Grube, Annulata semperiana (*Mém. de l'Acad. impér. des Sc. de Saint-Pétersbourg*, XXV, n° 8, 1878, p. 242, Taf. XIII, fig. 7).

(2) A.-J. Malmgren, Nordiska Hafs-Annulater (*Öfv. af Kongl. Vetensk.-Akad. Forhandl.*, 1865, p. 390, Tab. XXIII, fig. 64).

(3) *Id.*, p. 391, Tab. XXIII, fig. 63.

(4) Ed. Claparède, Glanures zootomiques parmi les Annélides de Port-Vendres (*Mém. de la Soc. de phys. et d'hist. nat. de Genève*, t. XVII, 1864, p. 485).

libre ; les autres, beaucoup plus larges et canaliculés. Ces appendices très développés forment une touffe relativement volumineuse à la partie antérieure de l'animal.

La collerette, très haute sur la face dorsale, est ouverte sur la face ventrale. Une languette libre de toute adhérence, sauf sur son bord antérieur, par lequel elle s'insère au niveau de cette ouverture de la collerette, forme une sorte de lèvre inférieure ou ventrale ; de forme presque quadrangulaire, elle est un peu arrondie aux angles. Il n'y a ni branchies ni taches oculaires.

La partie antérieure du corps est dilatée par rapport à la région postérieure. Les sillons intersegmentaires sont à peine discernables. La surface est couverte de verrues grossièrement disposées en séries transversales.

De chaque côté, les six faisceaux de soies sont insérés sur autant de minuscules pharètres. Les soies, au nombre d'une vingtaine à chaque faisceau, sont excessivement fines, droites ou légèrement arquées dans la partie terminale, étirée en une longue pointe très grêle. Au-dessous de cette pointe, il existe un petit élargissement en spatule (fig. 37, page 57). Les trois premiers faisceaux sont beaucoup plus rapprochés l'un de l'autre que les trois derniers.

A la base des troisième, quatrième et cinquième faisceaux sétigères, on observe un orifice au centre d'un bourrelet annulaire. Ces orifices manquent aux deux autres exemplaires de la même espèce ; l'un d'eux ne compte que cinq paires de faisceaux sétigères au lieu de six.

37
Fig. 37.

Le corps se rétrécit brusquement et fortement en arrière de la sixième paire de faisceaux sétigères, là où commence l'abdomen, qui s'effile un peu et graduellement jusqu'à l'extrémité postérieure.

L'abdomen ne porte de soies d'aucune sorte. On n'y reconnaît que cinq sillons bien nets, ce qui correspond à six segments abdominaux subdivisés par de nombreuses dépressions superficielles parallèles et régulièrement espacées : cette apparence est due à de petites verrues alignées en rangées transversales à peu près équidistantes. L'anus est terminal.

Cette espèce antarctique ressemble beaucoup au type du genre, *Lysilla Loveni* Malmgren (1), pour la partie antérieure du corps, la collerette, la languette ventrale, les tentacules et les six segments thoraciques. Mais l'abdomen est ici beaucoup moins développé que dans la forme arctique, puisque chez celle-ci cette partie du corps est au moins trois fois aussi longue que le thorax ; les deux régions du corps ont sensiblement la même longueur dans le Térébellien de Port Charcot. Malmgren ne donne aucun détail sur les soies.

Par la forme très spéciale de ses soies thoraciques, cette nouvelle espèce de *Lysilla*, *L. Mac Intoshi*, que je suis heureux de dédier au savant professeur de l'Université de Saint-Andrews, se distingue nettement de la *Lysilla nivea* Langerhans (2) ; elle se sépare aussi de la *Lysilla alba* Webster (3).

FAMILLE DES *SERPULIENS* Burmeister (Grube char. emend.).

Parmi les Serpuliens recueillis dans la mer Antarctique par le Dr Turquet, figurent un Sabellide nouveau du genre *Potamilla*, qui, jusqu'ici, n'était pas représenté sur les côtes de l'Amérique du Sud, et trois Serpulides. Deux de ceux-ci sont déjà connus : la *Serpula vermicularis* L. est une forme cosmopolite, car elle vit non seulement à l'extrémité sud de l'Amérique, mais encore aux Kerguelen, aux îles Marion, dans les mers du nord de l'Europe, la Manche, l'Atlantique et la Méditerranée ; le *Spirorbis Perrieri* Caullery et Mesnil a été trouvé par l'Expédition française du cap Horn sur les côtes de Patagonie, et par celle de Nordenskjöld en divers points de la même région. Quant à la quatrième, elle appartient à un genre nouveau, à affinités multiples, à tube libre, en hélice à spire allongée, et dont l'asymétrie et la réduction du nombre des segments thoraciques rappellent fort les Spirorbes.

(1) A.-J. MALMGREN, Nordiska Hafs-Annulater (*Öfv. af Kongl. Vetensk.-Akad. Förhandl.*, 1865, p. 363, Tab. XXV, fig. 71).

(2) P. LANGERHANS, Die Wurmfauna von Madeira, IV (*Zeitsch. für wissensch. Zool.*, t. XL, 1884, p. 264, Taf. XVI, fig. 25).

(3) H.-E. WEBSTER, Annelida Chætopoda of the Virginian Coast (*Trans. Albany Institute*, vol. XI, 1879, p. 63).

Genre *POTAMILLA* Malmgren.

Potamilla antarctica n. sp.

La plupart des exemplaires de cette espèce proviennent de l'île Booth Wandel ; un seul a été recueilli dans la baie Biscoe ; les récipients dans lesquels on les a rapportés ne contenaient aucune indication relative à la profondeur où ces animaux vivaient. Leur tube translucide, de consistance cornée, montre çà et là quelques grains de sable fin.

L'exemplaire étudié, de l'île Booth Wandel, mesure 66 millimètres de longueur totale, dont 12 pour le panache branchial ; la largeur, à peu près uniforme d'un bout du corps à l'autre, est de 2 millimètres, de sorte que la forme générale est plutôt grêle. La couleur de ces animaux conservés est d'un jaune verdâtre uniforme ; les boucliers ventraux, de teinte plus claire, sont vraisemblablement blancs chez l'animal vivant ; les branchies montrent dans leur partie supérieure des bandes alternativement blanches et ocre.

La collerette va en s'inclinant d'avant en arrière, de la face ventrale à la face dorsale. Sur la première, elle forme deux pointes saillantes séparées par une profonde échancrure. Sur la face dorsale, les deux lobes viennent se terminer à la surface, largement distants l'un de l'autre ; en avant d'eux, s'étend le bourrelet basilaire des branchies. Les palpes, terminés en une longue pointe effilée, sont fortement colorés en ocre dans leur région basilaire.

Les branchies sont divisées en deux lames comptant chacune dix-sept rachis et peu élevées. Il n'y a pas trace d'yeux. Le pigment est localisé sur les filaments branchiaux, qui s'élèvent jusqu'au sommet des rachis, dont les extrémités très fines restent seules libres. Outre les bandes alternativement colorées et blanches de la partie supérieure des branchies, on observe quelques taches isolées sur les filaments de la partie inférieure de ces organes.

Dans l'exemplaire en question, il y a dix segments sétigères au thorax ; mais, comme chez beaucoup de Sabelliens, ce nombre est sujet à des variations assez considérables. Ainsi un autre individu de la même provenance que le précédent a treize sétigères thoraciques ; un autre, dont l'extrémité antérieure semble être en voie de régnération, en a cinq ; celui de la baie Biscoe en a onze. L'exemplaire, qui a dix segments thoraciques, compte cent dix segments abdominaux.

Les faisceaux dorsaux possèdent deux sortes de soies : 1° des soies

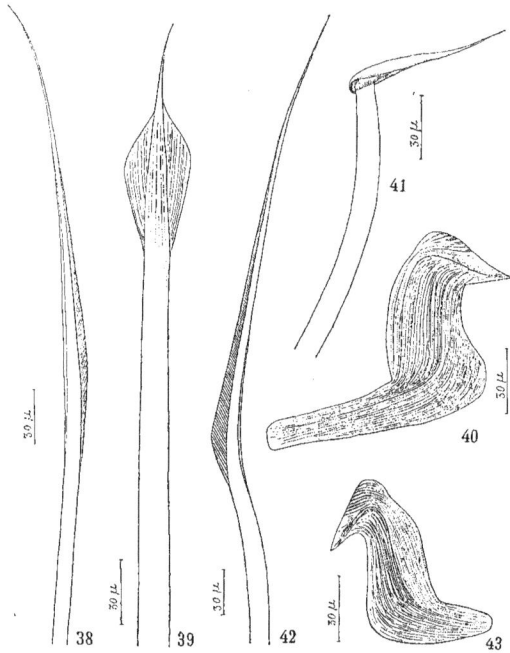

Fig. 38 à 43.

un peu coudées dans leur partie terminale, limbées des deux côtés ; le bord convexe correspondant au limbe le plus large présente des stries obliques fortement marquées (fig. 38, p. 60) ; ces soies, au nombre d'une dizaine, sont groupées à la partie dorsale du faisceau ; 2° des soies en spatule terminées en une pointe fine et assez brusquement effilée avec un limbe strié de chaque côté. Ces soies (fig. 39, p. 60) sont disposées assez régulièrement en rayons superposés, au nombre d'une vingtaine à chaque faisceau.

Aux tores ventraux qui commencent au second sétigère, il y a également deux espèces de soies : 1° des soies en pioche, à manche courbe (fig. 41, p. 60); 2° des crochets aviculaires à partie basilaire assez longue, à région moyenne relativement large, à bec court surmonté d'une crête, qui, de profil, se montre fortement striée (fig. 40, p. 60).

Les plastrons ventraux thoraciques, de forme quadrangulaire, sont échancrés assez fortement de chaque côté et sont presque tous également développés.

Le sillon copragogue traverse obliquement les premier et second segments abdominaux. Les faisceaux sétigères ventraux de l'abdomen sont constitués par des soies d'une seule sorte, qui ressemblent à celles des faisceaux dorsaux du thorax ; mais elles sont plus fortement coudées et bilimbées, avec un limbe plus développé sur le bord convexe que sur le bord opposé (fig. 42, p. 60); elles sont plus saillantes à la partie postérieure du corps que dans les premiers segments de l'abdomen. Il en est d'ailleurs fréquemment ainsi chez les Sabelliens.

Aux tores dorsaux, il existe une seule rangée de crochets aviculaires semblables à ceux du thorax, mais à partie basilaire plus courte (fig. 43, p. 60).

Les plastrons ventraux abdominaux sont coupés en deux parties égales par le sillon copragogue. A l'extrémité postérieure du corps, on observe, sur la face dorsale, deux groupes de taches oculiformes symétriquement placées.

Ce Sabellien se range dans le groupe des *Potamilla* dépourvues d'yeux branchiaux, comme la *Potamilla neglecta* Malmgren (1), la *Potamilla Torelli* Malmgren (2), la *Potamilla incerta* Langerhans (3), très voisine de la précédente, la *Potamilla tenuitorques* Grube (4). Elle s'éloigne des

---

(1) A.-J. MALMGREN, Nordiska Hafs-Annulater (*Öfv. af Kongl. Vetensk.-Akad Förhandl.*, 1865, p. 400, Taf. XXVII, fig. 84).

(2) ID., *id.*, p. 402, Annulata Polychæta (*id.*, 1867, p. 222, Pl. XIV, fig. 76).

(3) P. LANGERHANS, Die Wurmfauna von Madeira (*Zeitsch. für wissensch. Zool.*, t. XL, 1884, p. 267, Pl. XVI, fig. 29).

(4) ED. GRUBE, Annulata Semperiana (*Mém. de l'Acad. imp. des Sc. de Saint-Pétersbourg*, vol. XXV, 1878, n° 8, p. 246, Taf. XIV, fig. 2).

trois premières par sa gracilité et par la forme spéciale de ses crochets aviculaires tant abdominaux que thoraciques. L'espèce décrite par Grube s'en distingue par la hauteur beaucoup moins grande de la lamelle basilaire branchiale et par les caractères de la collerette, qui constitue un anneau continu à la base des branchies. Celles-ci ont une longueur égale au cinquième de la longueur totale du corps chez la *Potamilla antarctica* nov. sp. ; au huitième chez la *Potamilla Torelli* ; au tiers chez la *Potamilla neglecta* ; au quart chez la *Potamilla incerta*.

Aucune espèce du genre *Potamilla* n'a été signalée jusqu'ici dans la région magellanique.

Genre *SERPULA* L. s. st. Phil.

Sous-genre *SERPULA* s. st.

Serpula vermicularis L. (1).

Linné, *Syst. Nat.*, XII, 1767, p. 1206, *fide Mörch*.

Un dragage à 40 mètres de profondeur, près de l'île Booth Wandel, a ramené à la surface un exemplaire de cette espèce décrite en premier lieu par Linné. Le tube, isolé, replié sur lui-même, avec des épaississements transversaux parallèles, a 45 millimètres environ de longueur ; son extrémité supérieure, un peu évasée, est bordée par un bourrelet. Il se rétrécit un peu et graduellement à partir de l'extrémité antérieure.

Les plaques onciales ont, en général, sept ou huit dents au thorax ; la plus antérieure, plus grosse que les autres, est pointue comme elles.

Les soies épaisses du premier segment thoracique ont deux moignons à la base de la longue pointe terminale. Les soies des autres segments thoraciques sont limbées.

Les soies abdominales sont en cornet comprimé, finement dentelé sur le bord libre.

L'opercule a la forme d'une coupe assez profonde avec un fond plat très réduit ; le bord libre découpé a une quarantaine de dents à pointe mousse.

(1) Voy., pour la bibliographie : Baron de Saint-Joseph, Les Annélides Polychètes des côtes de Dinard, 3ᵉ partie (*Ann. des Sc. natur., Zool.*, 7ᵉ série, t. XVII, 1894, p. 328, Pl. XII, fig. 358-365).

Cette espèce cosmopolite a été trouvée en divers points de la région magellanique (1) par la « Gazelle », le « Challenger » et par l'Expédition Nordenskjöld.

Genre *SPIRORBIS* Daudin s. st.

Spirorbis Perrieri Caullery et Mesnil.

M. Caullery et F. Mesnil, *Études sur la morphologie comparée et la phylogénie des espèces chez les Spirorbes* (Bull. scient. de la France et de la Belgique, t. XXX, 4ᵉ série, 9ᵉ vol., 1897, p. 208, fig. 15a-c, Pl. VIII; fig. 16a-b; fig. 17, Pl. IX).

Une dizaine d'exemplaires de cette espèce ont été dragués dans le Port Charcot à des profondeurs variant de 20 à 40 mètres ; trois autres ont été récoltés dans les mêmes conditions près de l'île Booth Wandel ; tous étaient détachés des supports sur lesquels ils étaient fixés.

Les soies dorsales du premier sétigère n'ont pas d'aileron crénelé, mais elles ne sont pas toutes d'un type absolument uniforme ; les plus grandes ont une légère encoche dans la partie inférieure du limbe ; les autres sont bien conformes au type représenté par la figure 15c, Planche VIII, du Mémoire de Caullery et Mesnil ; l'opercule a bien les caractères indiqués par la figure 15a, Planche VIII, des mêmes auteurs.

Cette espèce a été recueillie sur les côtes de Patagonie par l'Expédition française du cap Horn, puis par l'Expédition Nordenskjöld en divers points de la région magellanique (2) : Punta Arenas, Puerto Churucca, Porvenir, Beagle Channel.

Genre *HELICOSIPHON* nov. gen.

Helicosiphon biscœensis n. sp.
(Pl. V, fig. 49-52.)

Un dragage dans la baie Biscoe, à 110 mètres de profondeur (11 février 1904), ramena à la surface une douzaine de tubes de Serpuliens, les uns

---

(1) E. Ehlers, Die Polychæten des magellanischen und chilenischen Strandes (*Ein faunistischer Versuch*, Berlin, 1901, p. 219).

(2) E. Ehlers, Magellanische Anneliden, *Nachr. der K. Gesellsch. der Wiss.*, Göttingen, math.-phys. Kl., 1900, p. 223).

E. Ehlers, Die Polychæten des magellanischen und chilenischen Strandes (*Ein faunistischer Versuch*, Berlin, 1901, p. 223).

avec leur hôte, les autres vides. Ces tubes calcaires, blancs, sont légèrement tordus en une hélice étroite et allongée (Pl. V, fig. 50); le
nombre des tours est au plus de deux ; leur surface présente des stries
transversales parallèles, assez régulièrement espacées ; leur diamètre
décroît graduellement de l'extrémité antérieure à l'autre. Ils sont
isolés, paraissent ouverts aux deux bouts et sont fort probablement
libres ; s'ils étaient fixés, ce qui est peu vraisemblable, ils ne pourraient
l'être, en tout cas, que par l'extrémité effilée ; on ne trouve, dans toute
leur étendue, aucune trace d'adhérence. Ils sont tapissés intérieurement
d'une couche chitineuse jaune brun.

L'un de ces tubes contenant l'animal qui l'a construit mesure 20 millimètres d'une extrémité à l'autre ; la longueur vraie du tube est d'au
moins 25 millimètres ; l'hôte a une longueur totale de 13 millimètres ; sa
plus grande largeur est de $0^{mm},95$. Ce n'est pas là le maximum de taille ;
quelques tubes vides ont des dimensions supérieures à celles qui sont
indiquées ici.

La collerette, non distincte de la membrane thoracique, est légèrement échancrée en avant sur son bord antérieur et ventral et s'ouvre
largement en arrière sur la face dorsale. Il n'y a pas trace d'yeux.
Le panache branchial se compose, chez l'individu étudié, de onze
branchies assez peu développées, dont les rachis ne sont pas soutenus
par des cellules dites cartilagineuses, comme on en observe chez les
Sabelliens et chez quelques Serpuliens ; les barbules branchiales sont
courtes.

Chez l'animal vu dorsalement, la première branchie gauche est
remplacée par l'opercule (Pl. V, fig. 52). Le pédoncule de ce dernier
s'élargit dans sa partie terminale et porte à son sommet un disque
corné, légèrement déprimé au centre ; au-dessous de ce dernier, on
observe une région transparente avec une sorte de treillissage de
nature probablement calcaire. Cette apparence est due à ce que le
pédoncule est profondément excavé sur la face qui regarde l'intérieur du
panache branchial. Il y a là une disposition qui se retrouve chez certains
Spirorbes : cette partie déprimée sous-operculaire correspond, peut-
être, à un sac incubateur.

On ne voit aucun écusson thoracique. Le corps présente une asymétrie évidente correspondant à la torsion. Sur l'animal vu ventralement
(Pl. V, fig. 49), on compte trois tores uncinigères à droite, deux à
gauche ; les faisceaux de soies dor-
sales de même rang ne sont pas
situés au même niveau.

Le premier faisceau dorsal est
inséré tout à fait à la partie antérieure, obliquement, la pointe des
soies tournée en avant et orientée
presque normalement au second
faisceau. Le second et le troisième
faisceau sont plus développés que
le précédent et paraissent correspondre au premier et au second
tore. Les soies du premier segment (fig. 44, p. 65) ont exactement les mêmes caractères que
celles des segments suivants (fig. 45,
p. 65). Ce sont des soies coudées
et limbées, avec des stries obliques sur le limbe, qui est peut-être
un peu plus développé dans les
soies du premier sétigère thoracique.

Aux tores uncinigères, les plaques onciales (fig. 46, p. 66) ont un
très grand nombre de dents très
fines, très serrées les unes contre

Fig. 44 et 45.

les autres, et la plus antérieure et la plus voisine de la collerette est
plus grosse que les autres ; elle paraît être pleine et non creusée en
gouge, comme chez beaucoup de Serpuliens.

Dans l'échancrure de la membrane thoracique, on distingue, sur la
face dorsale, par transparence, au niveau du premier sétigère, deux

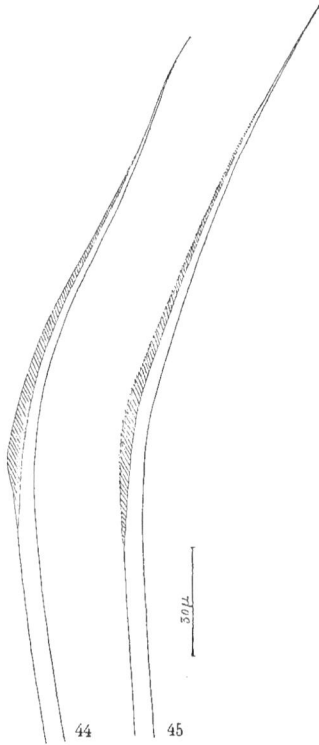

organes glandulaires de couleur brun rougeâtre. On voit de même les ovules en voie de développement et s'étendant jusqu'au troisième sétigère abdominal. Quelques individus sont parasités par des Crustacés qui sont probablement des Lernéens.

L'abdomen est composé d'une soixantaine de segments absolument transparents ; il participe à la torsion du tube. Il est profondément excavé sur la face ventrale. Dans la partie antérieure, les segments sont nettement séparés les uns des autres par des sillons assez profonds pour donner au bord libre, de chaque côté, une apparence crénelée ; ces dépressions intersegmentaires s'atténuent graduellement d'avant en arrière.

Les tores uncinigères, de même que les faisceaux de soies, ne forment dans les premiers segments abdominaux qu'une saillie imperceptible, mais qui s'accentue d'avant en arrière.

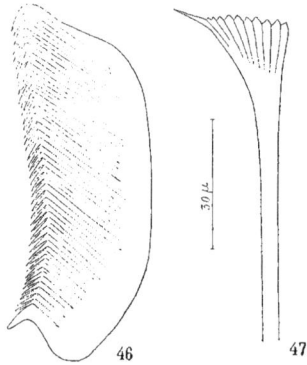

Fig. 46 et 47.

Le premier tore abdominal est plus éloigné du dernier tore thoracique que celui-ci ne l'est du premier de la même région du corps. A chaque faisceau ventral, il n'existe qu'un petit nombre de soies, cinq ou six dans les segments de la région moyenne. Ces soies, élargies au sommet, ont leur bord libre denté ; l'une des dents latérales est un peu plus effilée que les autres (fig. 47, p. 66).

Aux tores uncinigères, les plaques onciales sont de même type qu'au thorax, mais de taille un peu plus réduite.

Le corps se termine par deux petits lobes, entre lesquels s'ouvre l'anus (Pl. V, fig. 51).

Par son asymétrie, par son petit nombre de segments thoraciques, par son opercule, et, à un moindre degré, par la forme des plaques onciales, le Serpulien décrit ci-dessus se rapproche fort des Spirorbes ; ce serait un Spirorbe hélicoïde à soies dorsales thoraciques toutes limbées ; le

Spirorbis Perrieri Caullery et Mesnil ne possède également que des soies limbées au thorax.

A certains points de vue, le Serpulien antarctique rappelle aussi le genre *Josephella* Caullery et Mesnil (1), qui habite de petits tubes cylindriques ne formant pas d'agrégats comme les Salmacines et n'a que cinq sétigères thoraciques, avec un opercule rappelant celui des *Serpula* ; le genre *Rhodopsis* décrit récemment par Miss K.-J. Bush (2) ne diffère guère de *Josephella* que par la forme de l'opercule.

D'autre part, les plaques onciales, les soies thoraciques toutes limbées, les soies abdominales élargies au sommet avec une pointe étirée ne sont pas absolument sans analogie avec les soies correspondantes de certaines espèces du genre *Pomatoceros* Phil. Mais, à la différence des *Pomatoceros*, les dents des plaques onciales sont ici fort nombreuses et très fines ; l'opercule est dépourvu d'épines ; les soies de l'abdomen ont leur pointe latérale beaucoup plus courte, ce qui rappelle les soies du genre *Serpula* Phil. s. st. et mieux encore peut-être celles de certains Spirorbes, comme le *Spirorbis mediterraneus* C. et M. (3).

En somme, le Serpulien antarctique se distingue des Spirorbes dont il s'éloigne le moins par plusieurs caractères :

1° Par la forme de son tube. Chez les Spirorbes, le tube s'enroule en spire nautiloïde le plus fréquemment ; parfois, comme chez le *Spirorbis Pagenstecheri* de Quatrefages, il prend la forme d'une spirale ascendante, qui reste d'ailleurs attachée à un support solide et qui ne rappelle en rien le tube, en hélice à spire très allongée, du Serpulien décrit ici.

2° Par sa taille exceptionnelle, très supérieure à celle des plus grands Spirorbes.

D'autre part, on ne compte qu'un fort petit nombre de Serpuliens ayant leur tube libre [*Protula (Protis) arctica* Hansen (4), *Hydroides norvegica* Gunn., *Ditrupa arietina* O.-F. Müller, etc.]. Le tube des

(1) M. CAULLERY et MESNIL, Note sur deux Serpuliens nouveaux : *Oriopsis Metschnikowi* n. g., n. sp., et *Josephella Marenzelleri*, n. g., n. sp. (*Zool. Anzeiger*, XIX Bd., 1896, p. 482-486).
(2) K.-J. BUSH, Tubicolous Annelids of the tribes Sabellides and Serpulides from the Pacific Ocean (*Harrison Alaska Expedition*, New-York, 1904, p. 289).
(3) M. CAULLERY et F. MESNIL, *loc. cit.*, p. 212, Pl. IX, fig. 19c.
(4) A. HANSEN, Norske Nordhavs Expedition. Zoologi : Annelida, Christiania, 1882, p. 48.

Ditrupa, ouvert aux deux bouts, courbé en arc, long de 20 à 35 millimètres, est peut-être celui qui s'éloigne le moins de celui du
Serpulien antarctique. A un certain point de vue, celui-ci forme la
transition entre les *Ditrupa* et les *Spirorbis*. Mais, chez les premiers, le
thorax a sept sétigères et n'offre aucune trace d'asymétrie; ce sont, on
peut le dire, des Serpuliens normaux.

3° Par le nombre considérable de ses segments abdominaux, qui
dépasse très rarement 30 chez les Spirorbes les mieux partagés à ce
point de vue (*Spirorbis borealis* Daudin, *Spirorbis cancellatus* Fabr., etc.).

Nous proposons de donner à ce genre nouveau le nom d'*Helicosiphon* (1), qui sera ainsi caractérisé :

*Serpulidés habitant des tubes isolés légèrement tordus en hélice. Branchies
peu nombreuses. Rayon operculigère dépourvu de barbules, élargi au
sommet, qui est recouvert par un disque corné, circulaire ; membrane
thoracique peu développée. Corps asymétrique; trois sétigères thoraciques.
Plaques onciales avec crêtes nombreuses et très fines et une grosse dent
obtuse et pleine du côté tourné vers la partie antérieure de l'animal. Soies
uniquement limbées au thorax. Soies abdominales élargies au sommet, à
bord libre rectiligne et denté.*

L'espèce type de ce genre nouveau sera l'*Helicosiphon biscoeensis* nov. sp.

_____

(1) De ἕλιξ, ιχος, spirale; σίφων, ωνος, tube.

EXPLICATION DES PLANCHES

PLANCHE I

Fig. 1-2. — *Autolytus Charcoti* nov. sp.

1. Partie antérieure du corps, face dorsale; les épaulettes ciliées, en arrière des yeux postérieurs, sont très développées. Gr. : 30.
2. Parapode avec une fine soie simple et dix soies à serpe courte. Gr. : 63.

Fig. 3-8. — *Exogone Turqueti* nov. sp.

3. Partie antérieure du corps, face dorsale; la trompe est visible par transparence. Gr. : 63.
4. Partie antérieure du corps, face ventrale; la trompe dévaginée montre la dent dont elle est armée. Même grossissement.
5. Dent de la trompe, à un plus fort grossissement (385).
6. Partie postérieure du corps, face dorsale. Gr. : 63.
7. Parapode. Gr. : 133.
8. Jeunes embryons fixés à la face ventrale d'une femelle. Gr. : 49.

Fig. 9-10. — *Sphærosyllis antarctica* nov. sp.

9. Partie antérieure du corps, face dorsale; la trompe visible par transparence. Gr. : 49.
10. Parapode. Gr. : 133.

PLANCHE II

Fig. 11. — *Autolytus gibber* Ehlers.

11. Parapode. Gr. : 85.

Fig. 12-13.— *Pionosyllis comosa* nov. sp.

12. Partie antérieure du corps, face dorsale. Gr. : 29.
13. Parapode. Gr. : 62.

Fig. 14-16. — *Eusyllis Kerguelensis* Mac Intosh.

14. Partie antérieure du corps, face dorsale. Gr. : 29.
15. — face ventrale, avec la trompe dévaginée. Gr. : 29.
16. Parapode, face antérieure. Gr. : 49.

Fig. 17. — *Syllis brachycola* Ehlers.

17. Parapode. Gr. : 49.

Fig. 18. — *Eulalia subulifera* Ehlers.

18. Partie antérieure du corps, face dorsale ; les cirres tentaculaires dorsaux postérieurs détachés du corps chez l'exemplaire étudié ont été représentés en pointillé. Gr. : 62.

PLANCHE III

Fig. 19-21. — *Forme épigame de Syllidé.*

19. Partie antérieure du corps, face dorsale. Gr. : 85.
20. Partie antérieure du corps, face ventrale, montrant les palpes très réduits en avant de l'orifice buccal. Gr. : 85.
21. Parapode ayant subi la transformation caractéristique de la phase épigame. Gr. : 85.

Fig. 22-23. — *Orseis Mathai* nov. sp.

22. Partie antérieure du corps, face dorsale ; la trompe est visible par transparence. Gr. : 49.
23. Parapode. Gr. : 114.

Fig. 24-26. — *Eteone Reyi* nov. sp.

24. Partie antérieure, face dorsale. Gr. : 29.
25. Parapode. Gr. : 85.
26. Partie postérieure du corps, face dorsale. Gr. : 36.

Fig. 27. — *Eulalia subulifera* Ehlers.

27. Parapode. Gr. : 62.

Fig. 28. — *Flabelligera Gourdoni* nov. sp.

28. Partie antérieure du corps, face ventrale. — Gr. : 29.

PLANCHE IV

Fig. 29-30. — *Flabelligera Gourdoni* nov. sp.

29. Soie ankylosée ventrale, avec les papilles envasées de la base. Gr. 85.
30. Deux papilles isolées. — Gr. : 320.

Fig. 31-32. — *Flabelligera mundata* nov. sp.

31. Partie antérieure du corps, face ventrale. Gr. 11.
32. Deux papilles isolées. Gr. : 133.

Fig. 33-37. — *Rhodine antarctica* nov. sp.

33. L'animal entier, vu de profil. Gr. : 11.
34. Prostomium vu par la face ventrale ; orifice buccal. Gr. : 29.
35. Pygidium vu par la face ventrale. Gr. : 29.
36. L'un des crochets ventraux, vu de profil. Gr. : 635.
37. Le même, vu de face. Même grossissement.

PLANCHE V

Fig. 38-42. — *Leiochone singularis* nov. sp.

38. Partie antérieure du corps vue de profil. Gr. : 36.
39. Prostomium vu par la face dorsale. Gr. : 36.
40. Prostomium vu par la face ventrale. Même grossissement.
41. Partie postérieure du corps vue de profil. Même grossissement.
42. L'un des crochets ventraux vu de profil. Gr. : 635.

Fig. 43-44. — *Petaloproctus* sp. ?

43. Partie antérieure du corps vue de trois quarts, par la face ventrale. Gr. : 6.
44. Soie aciculaire ventrale de l'un des quatre premiers segments sétigères. Gr. : 133.

Fig. 45-46. — *Terebella (Leprea) Ehlersi* nov. sp.

45. Plaque onciale vue de profil. Gr. : 635.
46. La même, vue de face. Même grossissement.

Fig. 47-48. — *Leæna Wandelensis* nov. sp.

47. Partie antérieure du corps vue de trois quarts, par la face ventrale. Gr. : 11.
48. Partie postérieure du corps vue de profil. Même grossissement.

Fig. 49-52. — *Helicosiphon* nov. g. *biscoeensis* nov. sp.

49. Partie antérieure du corps vue de profil. Gr. : 11.
50. Partie postérieure du corps. Gr. : 29.
51. Tube habité par l'animal. Gr. : 6.
52. Opercule. Gr. : 62.

FIGURES DANS LE TEXTE

(Les grossissements sont indiqués pour chaque figure par une division du micromètre, à la même échelle).

Fig. 1 et 2, p. 8. — *Autolytus Charcoti* nov. sp.

1. Soie composée à serpe courte.
2. Soie simple aciculaire.

Fig. 3-6, p. 11. — *Exogone Turqueti* nov. sp.

3. Soie composée à serpe courte.
4. Soie ankylosée, à article terminal soudé à la hampe.
5. Autre forme du même type de soie.
6. Crochet de la partie postérieure du corps.

Fig. 7-8, p. 13. — *Sphærosyllis antarctica* nov. sp.

7. Soie composée, à arête longue et ciliée.
8. Soie simple de la seconde moitié du corps.

Fig. 9-10, p. 16. — *Pionosyllis comosa* nov. sp.

9. Soie à arête longue de la partie supérieure des faisceaux.
10. Soie à hampe plus forte et à arête courte.

Fig. 11-13, p. 19. — *Eusyllis kerguelensis* Mac Intosh.

11. Soie à serpe longue et étroite, à hampe grêle.
12. Soie à serpe et à hampe plus larges que la précédente.
13. Soie à serpe courte et à hampe plus forte que les précédentes.

Fig. 14, p. 20. — *Syllis brachycola* Ehlers.

14. Soie composée.

Fig. 15, p. 21. — *Forme épigame de Syllidé.*

15. Soie composée.

Fig. 16-17, p. 23. — *Orseis Mathai* nov. sp.

16. Soie à arête longue et étroite.
17. Soie à arête plus courte.

Fig. 18, p. 27. — *Eteone Reyi* nov. sp.

18. Soie composée.

Fig. 19-21, p. 36. — *Flabelligera Gourdoni* nov. sp.

19. Soie dorsale.
20. Extrémité de la précédente, vue à un plus fort grossissement.
21. Soie ankylosée ventrale.

Fig. 22-23, p. 38. — *Flabelligera mundata* nov. sp.

22. Soie dorsale.
23. Soie ankylosée ventrale.

Fig. 24, p. 41. — *Rhodine antarctica* nov. p.

24. Soie limbée dorsale.

Fig. 25-26, p. 43. — *Leiochone singularis* nov. sp.

25. Soie dorsale en spatule.
26. Soie dorsale volubile.

Fig. 27-29, p. 45. — *Petaloproctus* sp. ?

27. Soie dorsale limbée.
28. Soie dorsale avec épines latérales.
29. Crochet ventral.

Fig. 30-31, p. 46. — *Terebella (Leprea) Ehlersi* nov. sp.

30. Soie dorsale volubile.
31. Autre soie du même type, plus coudée.

Fig. 32-34, p. 51. — *Lexna Wandelensis* nov. sp.

32. Soie dorsale limbée.
33. Autre soie dorsale limbée plus coudée que la précédente.
34. Plaque onciale vue de profil.

Fig. 35-36, p. 55-56. — *Polycirrus insignis* nov. sp.

35. Soie dorsale.
36. Plaque onciale vue de profil.

Fig. 37, p. 57. — *Lysilla Mac Intoshi*, nov. sp.

37. Soie dorsale avec limbe terminal double.

Fig. 38-43, p. 60. — *Potamilla antarctica* nov. sp.

38. Soie dorsale limbée du thorax.
39. Soie dorsale en spatule, du thorax.
40. Crochet aviculaire thoracique.
41. Soie en pioche.
42. Soie abdominale limbée.
43. Crochet aviculaire abdominal.

Fig. 44-47, p. 65-66. — *Helicosiphon biscoeensis* nov. sp.

44. Soie dorsale du premier segment thoracique.
45. Soie dorsale du troisième segment thoracique.
46. Plaque onciale thoracique.
47. Soie abdominale.

TABLE DES MATIÈRES

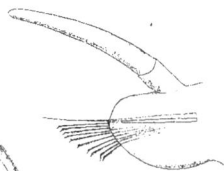

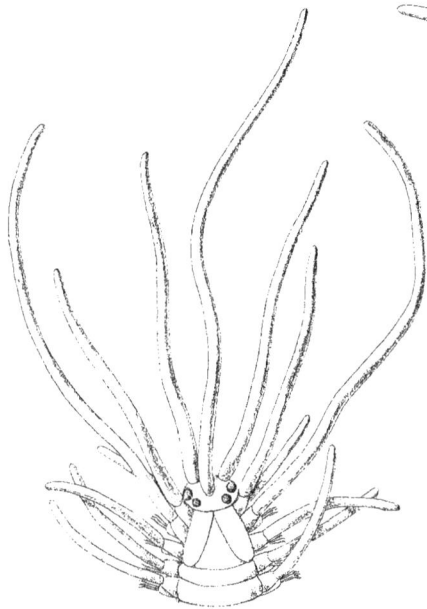

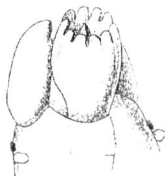

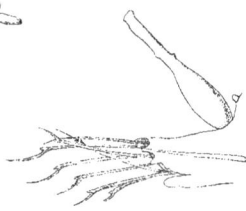

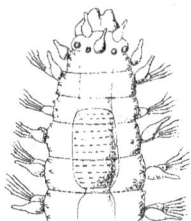

Annélides Polychetes.

Masson & C.ie Editeurs

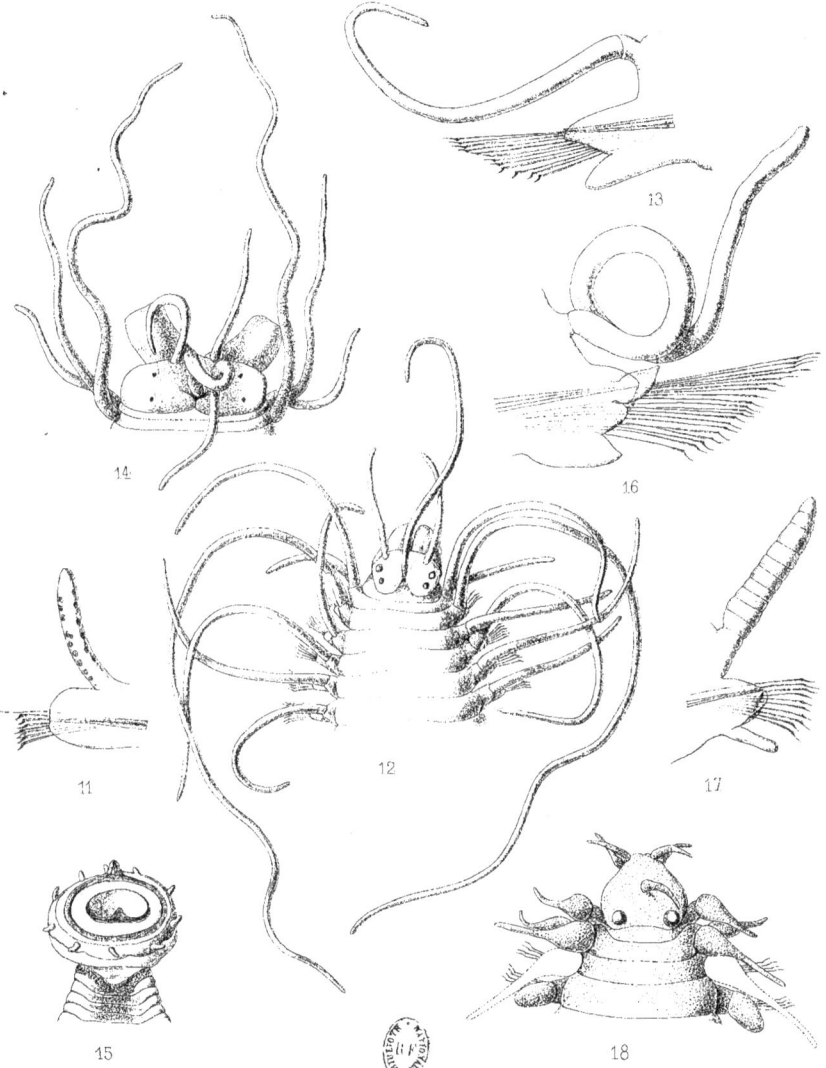

Ch. Gravier del. Imp. L. Lafontaine, Paris Ch. Richard lith.

Annélides Polychètes

Masson & C.ᵉ Éditeurs

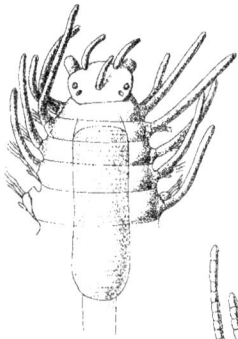

22

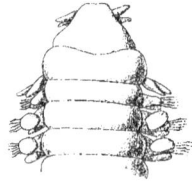

24

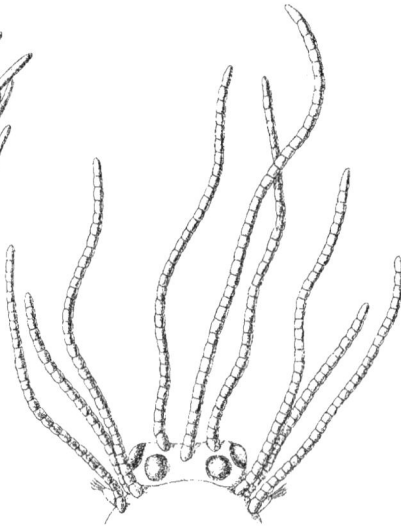

19

26

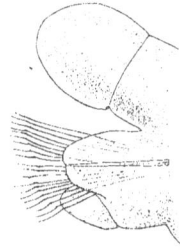

25

21

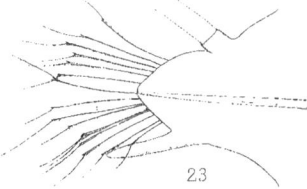

23

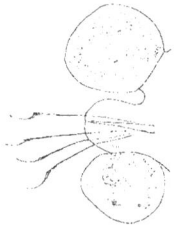

27

20

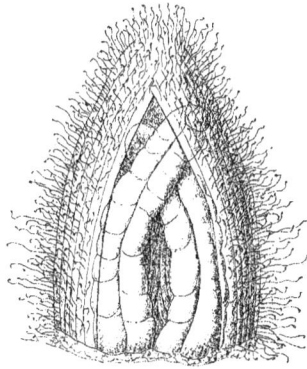

28

Ch. Gravier del.   Imp. L. Lafontaine, Paris.   Ch. Richard lith.

Annélides Polychètes.

Masson et Cie Éditeurs

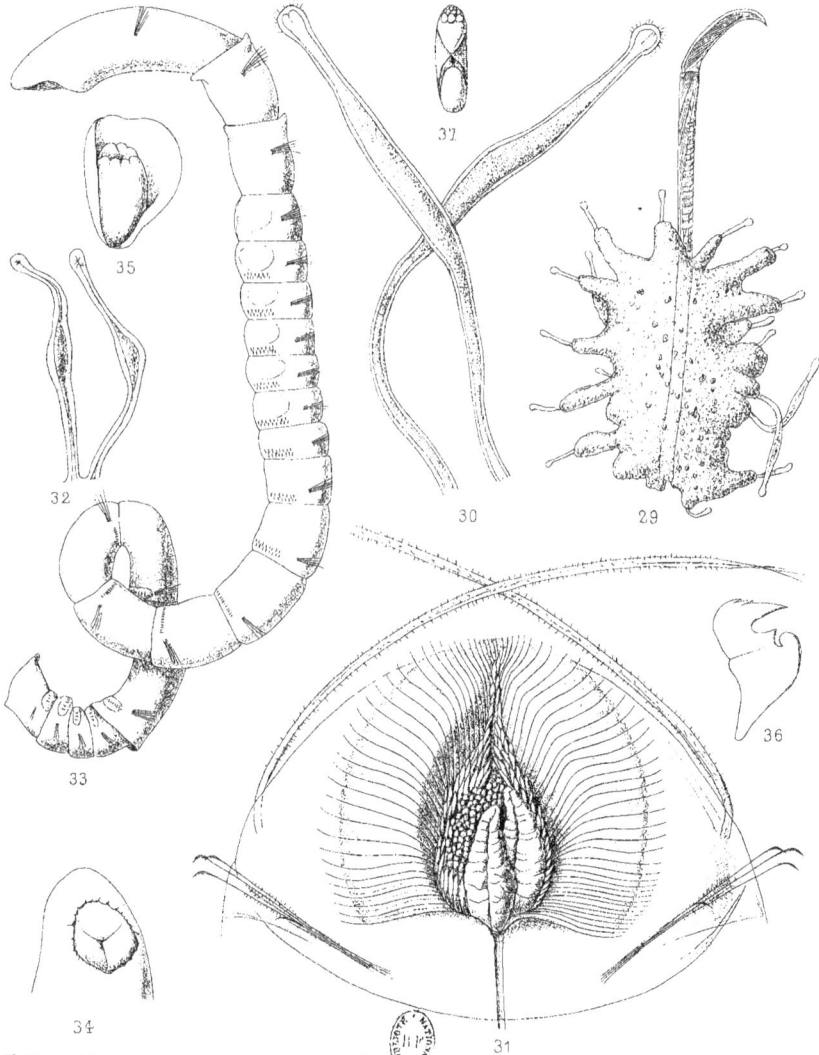

Ch. Gravier del.　　　　　　Imp. L. Lafontaine, Paris.　　　　　　Ch. Richard lith.

Annélides Polychètes.

Masson et Cⁱᵉ Éditeurs.

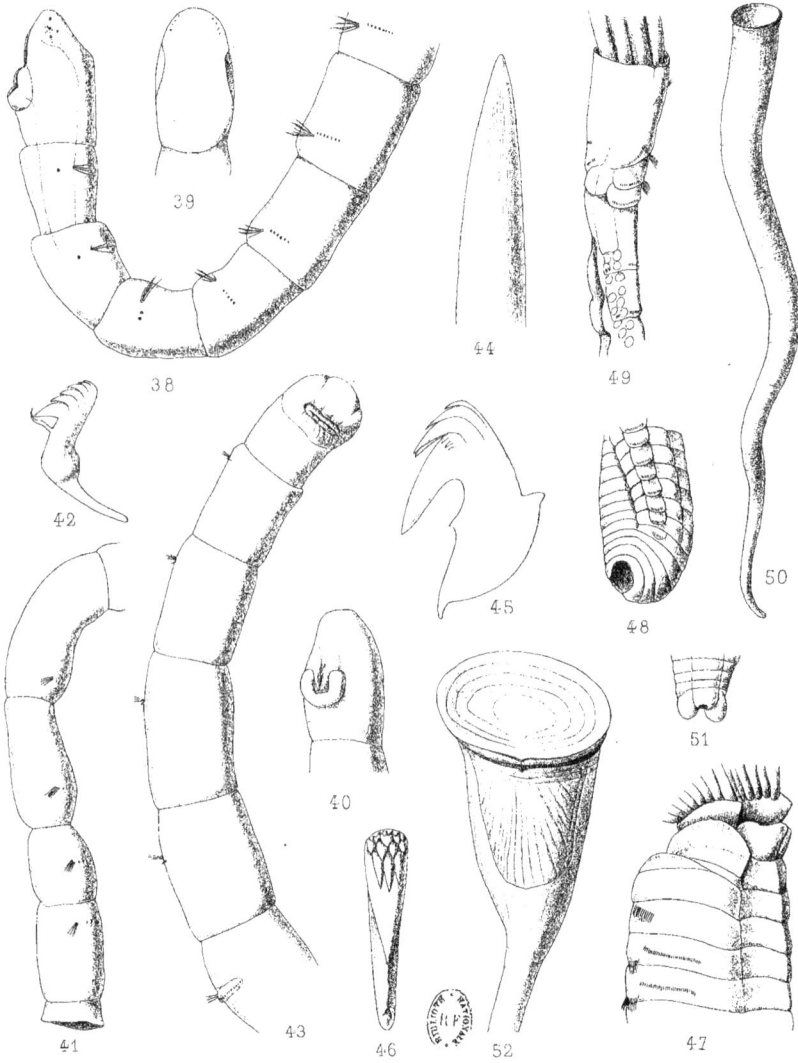

Ch. Gravier del.   Imp L. Lafontaine, Paris   Ch. Richard lith.

Annélides Polychètes.

Masson & Cᶦᵉ Editeurs.

POLYCLADES ET TRICLADES MARICOLES

Par Paul HALLEZ

PROFESSEUR A L'UNIVERSITÉ DE LILLE.

La collection des Polyclades et des Triclades maricoles, recueillie dans l'Océan Antarctique par l'Expédition Charcot, et dont l'étude m'a été confiée par M. le professeur L. Joubin, n'est pas nombreuse en espèces.

Les Polyclades ne sont représentés que par six individus que j'ai rattachés à cinq espèces différentes, toutes nouvelles, et réparties dans quatre genres, dont un nouveau.

Les Triclades maricoles appartiennent à deux espèces seulement, dont une est représentée par 127 exemplaires et l'autre par un seul.

Les Polyclades, à l'exception de l'*Eurylepta*, ont été dragués par 20 à 40 mètres, tandis que les Triclades ont été trouvés sous les galets de la plage. Les dragages présentent toujours des aléas ; c'est sans doute à cette circonstance qu'il faut attribuer le nombre relativement très restreint des exemplaires de Polyclades comparativement à celui des Triclades recueillis. Il faut aussi tenir compte de cet autre fait que les Triclades attirent facilement l'attention par leur coloration foncée et par l'habitude qu'ils ont de se réunir à plusieurs sous une même pierre, tandis que les Polyclades échappent facilement à la vue, grâce à leur extrême transparence et à la facilité avec laquelle ils se dissimulent dans les moindres anfractuosités des pierres.

Voici l'énumération des espèces recueillies :

POLYCLADES.

Ils appartiennent tous à la famille des Euryleptides.

    Stylochoïdes albus nov. gen., nov. sp.

Eurylepta cornuta Müller, var. *Wandeli.*
Stylostomum punctatum nov. sp.
Stylostomum antarcticum nov. sp.
Aceros maculatus nov. sp.

TRICLADES MARICOLES.

Procerodes Wandeli nov. sp.
Procerodes marginata nov. sp.

Avant de passer à la description de ces diverses espèces, je crois utile d'en donner une courte diagnose.

Stylochoïdes nov. gen.

Euryleptides à corps ovale, lisse, pourvu de deux tentacules coniques, éloignés l'un et l'autre de la ligne médiane et placés à égale distance du bord antérieur du corps et du cerveau. Bouche située en avant du cerveau comme chez *Oligocladus*. Intestin principal avec sept paires de branches intestinales secondaires. Rameaux intestinaux non anastomosés. Orifice mâle un peu en arrière de la bouche. Ventouse extrêmement développée.

Stylochoïdes albus.

Corps ovale, blanc, opaque. 6 à 7 yeux dans chaque tentacule, 3 yeux dorsaux presque marginaux en avant de chaque tentacule. Yeux cervicaux formant deux longues traînées longitudinales, composées chacune de 16 à 17 yeux assez irrégulièrement distribués.

Longueur, 4 millimètres. Largeur, $2^{mm},5$.

Eurylepta cornuta Müller, var. *Wandeli.*

Variété de l'espèce de Müller caractérisée par le peu de développement du pharynx et la présence de quelques replis épithéliaux dans la partie proximale de la vésicule séminale.

Longueur, $13^{mm},5$. Largeur, 9 millimètres.

Stylostomum punctatum.

Yeux tentaculaires dorsaux : 3 à 4 dont 2 plus gros de chaque côté. Yeux tentaculaires ventraux : 6 à 8 de chaque côté, dont trois plus gros. Yeux cervicaux : 9 à 11 de chaque côté, dont 2 plus gros, correspondant aux yeux supra-cervicaux des espèces connues.

Longueur 3 millimètres. Largeur 2 millimètres.

Stylostomum antarcticum.

Yeux tentaculaires dorsaux : 4 à 7 de chaque côté, dont 2 ou 3 plus gros. Yeux tentaculaires ventraux : 3 de chaque côté, dont 2 plus gros et un petit entre les deux premiers. Yeux cervicaux : 5 de chaque côté, dont 1 ou 2 petits.

Longueur, $2^{mm},5$. Largeur, 2 millimètres.

Aceros maculatus.

Corps lisse, ovale, sans tentacules ; à face dorsale d'un blanc légèrement jaunâtre, toute maculée de taches d'un jaune rougeâtre, excepté sur ses bords et dans la région pharyngienne. Yeux tentaculaires dorsaux : 5 à 6 de chaque côté, dont 2 très petits. Yeux tentaculaires ventraux : 11 à 12 de chaque côté, dont 5 assez gros. Yeux cervicaux : 2 groupes allongés dans le sens longitudinal, chaque groupe comprenant 14 ou 15 yeux dont 8 relativement gros. Intestin principal à 5 paires de branches secondaires ; à ramifications non anastomosées. Un fin canalicule dorsal met en communication avec l'extérieur la partie postérieure de l'intestin principal. Cinq paires de vésicules utérines et une vésicule impaire postérieure.

Longueur, 4 millimètres. Largeur, 2 millimètres.

Procerodes Wandeli.

Corps atténué en avant, arrondi en arrière, sans tentacules. Face dorsale noire ou brun jaunâtre, avec une à trois taches claires médianes plus ou moins ovalaires, dont une en arrière des yeux, une médiane et une postérieure. Région céphalique blanche avec deux yeux situés chacun au fond d'une encoche pigmentée. Bouche au deuxième tiers postérieur du corps. Oviducte impair s'ouvrant dans un carrefour avec l'utérus et le canal utérin. Utérus situé au-dessus de la gaine du pénis et en avant du canal utérin. Cocon pédicellé.

Longueur, 6 millimètres. Largeur, 3 à 4 millimètres.

Procerodes marginata.

Extrémité antérieure atténuée, sans tentacules ; extrémité postérieure arrondie. Face dorsale brun noir avec une bande marginale et une ligne médiane blanches. Deux taches blanches arrondies marquent la position des yeux. La bouche est un peu en arrière du milieu du corps, et le pore génital en est rapproché, de sorte que la partie caudale est relativement longue. Pharynx court. Rameaux intestinaux non anastomosés. Utérus grand, à replis internes et à prolongements digitiformes, situé assez loin en arrière de l'orifice génital. Pas d'oviducte impair. Un septum atrial entre l'orifice du canal utérin et l'orifice de la gaine du pénis. Vésicule séminale glandulaire. Pénis mucroné présentant une sorte de prépuce. Cocon sessile.

Longueur, 13 millimètres. Largeur, 4 millimètres.

POLYCLADES.

Ils appartiennent tous à la famille des Euryleptides, dont les divers représentants connus jusqu'ici habitent exclusivement les mers d'Europe. Seuls les *Prostheceraeus*, qui ne sont d'ailleurs pas compris dans la liste des espèces antarctiques, se rencontrent à la fois dans les mers d'Europe et dans les mers chaudes.

La création d'un nouveau genre (*Stylochoïdes*) m'amène à modifier de la façon suivante le tableau dichotomique des genres que j'ai donné dans un autre travail (1) :

1. Pas de tentacules.. *Aceros* Lang.
   Des tentacules... (2).
2. Tentacules frontaux .... (3).
   Tentacules nucaux..................................... *Stylochoides* n. gen.

(1) Catalogue des Rhabdocælides, Triclades et Polyclades du nord de la France, 1889 et 1894.

Stylochoides albus.
(Pl. I, fig. 1, 2 et 3 ; Pl. IV, fig. 2, 3, 4 et 5 ; Pl. V, fig. 4.)

Baie Carthage. — Prof. 40 m. (drague). -- Un exemplaire. N° 349.

Dans la note préliminaire que j'ai publiée dans le *Bulletin de la Société zoologique de France* du 11 juillet 1906, j'ai désigné cet individu sous le nom de *Stylochus albus*. Je n'en avais pas alors étudié l'organisation. La position des tentacules et la ventouse située au milieu du corps, et que j'avais prise pour la bouche, avaient été cause de mon erreur. Cette erreur s'explique, car c'est seulement dans la famille des Planocérides qu'on observe des tentacules aussi éloignés du bord antérieur du corps et, d'autre part, aucune espèce cotylée ne présente un tel dévelop- pement de la ventouse, dont le diamètre atteint presque le tiers de la largeur du corps, ventouse qui, à première vue sur un échantillon conservé en alcool, rappelle plutôt un pharynx faisant en partie saillie par la bouche.

Dans la diagnose de sa famille des Euryleptides, Lang cite, comme un des caractères de cette famille, la présence de tentacules frontaux lacini- formes (*Zipfelförmigen Randtentakeln*), qui, chez quelques formes, sont rudimentaires ou manquent entièrement. Cependant, si les tentacules sont nettement marginaux chez *Stylostomum, Cycloporus, Oligocladus, Eurylepta* et quelques espèces de *Prostheceraeus*, par contre d'autres espèces de *Prostheceraeus*, telles que *Pr. rubropunctatus* et *Pr. Moseleyi*, ont des tentacules qui s'éloignent manifestement du bord antérieur du corps et marquent une tendance à se rapprocher de la région cervicale. Cette tendance est encore plus accentuée chez *Stylochoïdes*, où les tentacules se trouvent à égale distance du cerveau et du bord antérieur du corps (Pl. IV, fig. 3).

L'individu que j'ai étudié est jeune, ainsi que le montrent les organes copulateurs mâles, qui sont seulement en voie de formation, l'absence des organes copulateurs femelles qui ne sont même pas ébauchés, et enfin l'abondance du tissu embryonnaire répandu dans tout le mésenchyme.

Par suite de l'absence des caractères fournis par les appareils copulateurs mâle et femelle, la diagnose du genre, que j'ai donnée plus haut, est nécessairement incomplète.

La ventouse qui, dans notre individu jeune, se trouve à peu près au milieu du corps, doit, chez les exemplaires adultes, être reportée plus en arrière par suite du développement des organes copulateurs.

Stylochoïdes albus a le corps ovale, blanc, opaque ; la face dorsale, lisse et convexe, porte deux tentacules nucaux, coniques ; à l'intérieur de chaque tentacule, on compte six à sept yeux ; trois yeux dorsaux, presque marginaux, se trouvent en avant de chaque tentacule ; les yeux cervicaux forment deux longues traînées longitudinales, composées chacune de seize à dix-sept yeux irrégulièrement distribués.

Longueur du corps : 4 millimètres ; largeur, $2^{mm},5$.

Le pharynx cylindrique est dirigé en avant. L'intestin principal ne s'étend guère en arrière au delà de la ventouse ; il présente les caractères de l'intestin des autres Euryleptides et donne naissance à sept paires de branches intestinales, qui sont peu ramifiées.

L'intestin principal et ses ramifications renferment un grand nombre de grégarines, dont quelques-unes sont représentées (Pl. V, fig. 4). Il n'est pas impossible que la présence de ces parasites ait eu un effet fâcheux sur le développement des organes reproducteurs de notre *Stylochoïdes*.

La coupe longitudinale (Pl. IV, fig. 2) montre la position de l'ébauche de l'organe copulateur mâle dessinée à un plus fort grossissement dans

la figure 4 (Pl. IV). La cavité oblique (At), qui s'arrête à la couche musculaire (*m*) des téguments, est sans doute la future cavité atriale qui ne
s'est pas encore mise en relation avec l'extérieur ; il est facile de se
rendre compte que cet orifice se formera à une faible distance en arrière
de la bouche. La gaine du pénis (*g*P) et le pénis (P) sont ébauchés,
tandis que la future vésicule séminale (V*s*) est relativement plus développée. Cette vésicule séminale se prolonge, à droite et à gauche, en
deux courts diverticules cæcaux (Pl. IV, fig. 5), qui sont vraisemblablement la première ébauche des deux canaux déférents.

En arrière de cet organe copulateur mâle, on observe une conden-
sation médiane du tissu embryonnaire (Pl. IV, fig. 2, *x*), qui marque
peut-être le point où doit se former plus tard l'organe copulateur
femelle.

Dans le mésenchyme du corps, il n'existe pas trace de testicules ni
d'ovaires.

Eurylepta cornuta Ehrbg., var. **Wandeli**.
(Pl. I, fig. 7 et 8 ; Pl. IV, fig. 1 ; Pl. V, fig. 3.)

Ile Wandel. — Sous les pierres. — Un seul exemplaire. N° 599.

L'exemplaire est en très mauvais état, et sa détermination eût été
impossible, même comme genre, si je ne l'avais pas étudié par la
méthode des coupes.

Son aspect extérieur est représenté planche I (fig. 7 et 8). Blanc et
absolument opaque sur les faces dorsale et ventrale, qui ont en partie
perdu leur épiderme et les tissus sous-jacents, cet exemplaire mesure
13^{mm},5 en longueur et 9 millimètres en largeur dans la partie postérieure du corps. Il est moins large dans la région antérieure, dont les
parties latérales sont repliées dorsalement (Pl. I, fig. 7). Sur le bord
frontal, on remarque deux petites saillies correspondant à deux tentacules rétractés. Sur la face ventrale, on distingue quelques yeux au
niveau des tentacules, une ventouse bien développée, située un peu en
avant du milieu du corps, et un orifice que les coupes m'ont montré
être l'orifice génital femelle. Le cerveau, le pharynx et l'orifice mâle,
qui sont indiqués sur la figure 8 (Pl. I) n'étaient pas visibles sur

l'exemplaire entier; ils n'ont été reportés sur le croquis qu'après l'étude des coupes transversales.

En reconstituant l'organisation de l'animal, d'après la série des coupes, on reconnaît facilement qu'il appartient au genre *Eurylepta*, dont il présente tous les caractères essentiels, bien que le pharynx soit notablement plus court que dans les exemplaires de la Méditerranée, de la Manche et de la Norvège. Les tentacules paraissent aussi moins développés que ceux des espèces d'Europe, mais ce n'est peut-être qu'une apparence due au mauvais état de conservation.

Les yeux tentaculaires dorsaux sont au nombre d'une quinzaine, ainsi que les yeux tentaculaires ventraux. Quant aux yeux cervicaux, ils sont tous d'égale dimension.

Ce dernier caractère rapproche l'espèce antarctique de l'*Eurylepta cornuta* Müller et l'éloigne de l'*Eurylepta Lobianchii* Lang, dont les groupes cervicaux sont formés d'yeux dont le diamètre diminue d'avant en arrière. Je dois ajouter que les yeux cervicaux de l'individu de Wandel, comme ceux de l'*Eurylepta cornuta,* s'étendent notablement moins loin en arrière que chez *Eurylepta Lobianchii;* on les observe sur toute la région cervicale, mais ils ne dépassent pas en arrière l'extrémité antérieure du pharynx, tandis que, chez *Eurylepta Lobianchii*, les yeux cervicaux s'étendent sur la région pharyngienne et même au delà de l'orifice génital mâle.

La région des organes copulateurs mâle et femelle, dont j'ai reconstitué une coupe longitudinale médiane (Pl. IV, fig. 1), montre que la disposition de ces organes est sensiblement la même que chez *Eurylepta cornuta.*

Le pore génital mâle est situé sous la gaine pharyngienne comme chez toutes les espèces d'*Eurylepta*. Je n'ai pas pu observer le stylet caractéristique du pénis des Euryleptides. La vésicule des glandes granuleuses présente, mais dans sa partie proximale seulement, des replis de l'épithélium (Pl. V, fig. 3), disposition qui n'existe pas dans les Euryleptides connus. La vésicule séminale est conformée comme celle de l'*Eurylepta cornuta*; elle s'étend en arrière notablement plus loin que la vésicule des glandes granuleuses et, vers son extrémité distale, s'ouvre un canal déférent impair, qui traverse la gaîne musculaire et reçoit, dès sa sortie de cette gaîne, les deux canaux déférents latéraux.

L'appareil copulateur femelle est conformé comme celui de l'*Eurylepta cornuta* : les glandes coquillières sont bien développées, et les deux canaux utérins s'ouvrent directement dans l'organe copulateur vers son extrémité distale (Pl. IV, fig. 1).

On voit, en résumé, que l'individu de l'île Wandel se rapproche beaucoup par son organisation de l'*Eurylepta cornuta* Müller, dont il se distingue cependant par quelques caractères : la présence de quelques replis épithéliaux dans la partie proximale de la vésicule granuleuse, et le peu de développement du pharynx.

N'ayant eu à ma disposition qu'un seul exemplaire très abîmé, je ne me crois pas autorisé à en faire une espèce nouvelle ; je me borne à le considérer comme une variété de l'espèce de Müller à laquelle je donne le nom de *Wandeli*.

STYLOSTOMUM.

Le genre *Stylostomum* est un des mieux caractérisé par le fait de la réunion de l'orifice génital mâle avec la bouche. On n'en connaît actuellement que deux espèces certaines : le *Stylostomum variabile* Lang, trouvé dans la Méditerranée, le détroit du Pas-de-Calais et la mer du Nord, et le *Stylostomum sanguineum* Hallez, qui n'a encore été signalé que dans les eaux boulonnaises, où il est commun. Ces deux espèces très voisines se distinguent l'une de l'autre, principalement par le nombre et la disposition des yeux tentaculaires et cervicaux.

Les exemplaires antarctiques, par l'ensemble de leur organisation, rappellent complètement les espèces des mers d'Europe, dont on ne peut guère les distinguer que par le nombre et la disposition des yeux. C'est un caractère qui paraît d'autant plus secondaire que le nombre des yeux n'est pas toujours absolument fixe chez tous les individus des deux espèces européennes, si bien que je ne suis pas éloigné de considérer tous les *Stylostomum* comme étant simplement des races locales d'une seule et même espèce.

Cette réserve faite, voici la description des individus recueillis par l'Expédition Charcot.

Stylostomum punctatum.
(Pl. II, fig. 1, 2, 3 et 4.)

Deux exemplaires dragués dans la baie de Carthage, l'un à 20 m. (N° 204), l'autre à 40 m. (N° 349).

Blanc, légèrement jaunâtre dans la région médiane du corps; six à sept taches arrondies d'un jaune brunâtre, de chaque côté de la ligne médiane dorsale. Par leur position, ces taches doivent correspondre aux glandes utérines. Tentacules marginaux semblables à ceux de *Stylostomum variabile*.

Yeux tentaculaires dorsaux : 3 à 4 dont 2 plus gros que les autres, de chaque côté. Yeux tentaculaires ventraux : 6 à 8 dont 3 plus gros, de chaque côté. Yeux cervicaux : 9 à 11 de chaque côté, dont 2 plus gros correspondant aux gros yeux situés au-dessus du cerveau dans les autres espèces connues.

Longueur, 3 millimètres. Largeur, 2 millimètres.

Stylostomum punctatum se distingue donc des *Stylostomum variabile* : 1° par ses yeux tentaculaires dorsaux, qui sont au nombre de 3 ou 4 de chaque côté, tandis que dans l'espèce de Lang ils sont au nombre de 7 à 8 à droite et à gauche ; 2° par ses yeux tentaculaires ventraux également moins nombreux (6 à 8 au lieu de 11 à 12 de chaque côté) ; 3° par ses yeux cervicaux, qui, bien qu'au nombre de 11 de chaque côté dans les deux espèces, ne peuvent pas, au moins dans les échantillons conservés en alcool, être distingués, comme dans l'espèce méditerranéenne, en trois groupes : une paire en avant du cerveau, deux paires sur le cerveau et deux groupes formés chacun de 8 yeux situés en arrière du cerveau.

Stylostomum antarcticum.
(Pl. I, fig. 6; Pl. II, fig. 5 et 6.)

Baie Carthage. — Prof. 20 m. (drague), n° 202. — Un seul exemplaire.

Blanc jaunâtre dans la région médiane qui correspond à l'intestin principal; cette même coloration s'observe sur les rameaux intestinaux.

Les taches dorsales d'un jaune brunâtre et arrondies de l'espèce précédente ne s'observent pas sur cet individu.

Yeux tentaculaires dorsaux : 4 à 7 de chaque côté, dont 2 ou 3 plus gros que lesau tres. Yeux tentaculaires ventraux : 3 de chaque côté, dont 2 gros et 1 petit entre les deux premiers. Yeux cervicaux ; 5 de chaque côté, dont 1 ou 2 petits.

Longueur, 2^{mm},5. Largeur, 2 millimètres.

Aceros maculatus.
(Pl. I, fig. 4 et 5 ; Pl. II, fig. 7 et 8 ; Pl. III, fig. 1 à 8.)

Baie Carthage. — Prof. 20 m. (drague), n° 202. — Un seul exemplaire.

Corps lisse, ovale, allongé, doucement arrondi aux deux extrémités, à bords latéraux droits, parallèles ; à bord frontal à peine plus large que le bord postérieur. Pas trace de tentacules. Face dorsale (Pl. I, fig. 4) légèrement convexe, toute maculée de taches pigmentaires d'un jaune rougeâtre, excepté sur ses bords et dans la région pharyngienne.

Face ventrale (Pl. I, fig. 5) plane, d'un blanc légèrement jaunâtre comme les parties non pigmentées de la face dorsale.

Yeux tentaculaires dorsaux (Pl. II, fig. 8) : 5 à 6 de chaque côté, dont 2 très petits. Yeux tentaculaires ventraux (Pl. II, fig. 7) : 11 à 12 de chaque côté, dont 5 assez gros et 6 à 7 plus petits. Yeux cervicaux : deux groupes allongés dans le sens longitudinal ; chaque groupe comprend 14 ou 15 yeux, dont 8 relativement gros et 6 à 7 petits.

Longueur, 4 millimètres. Largeur, 2 millimètres.

L'examen de l'individu conservé en alcool et peu transparent m'a permis de rapporter sans difficulté ce Polyclade à la famille des Euryleptides et, à cause de l'absence des tentacules, au genre *Aceros* Lang. L'étude des coupes a confirmé cette détermination, tout en mettant en évidence quelques caractères qui éloignent l'espèce antarctique de l'espèce méditerranéenne; elle m'a montré, en outre, que certains genres de cette famille sont plus voisins encore l'un de l'autre qu'on ne pouvait le supposer.

Un peu plus grand qu'*Aceros inconspicuus* Lang, *Aceros maculatus* diffère à première vue de celui-là par sa coloration et surtout par ses

yeux tentaculaires et cervicaux. Sous ce rapport, il conviendra de
modifier légèrement la diagnose du genre *Aceros* telle que Lang l'a
formulée, le petit nombre des yeux cervicaux et tentaculaires ne pou-
vant plus avoir que la valeur d'un caractère spécifique propre à l'espèce
méditerranéenne.

La figure 5 (Pl. I) montre l'aspect de la face ventrale de l'animal. On
devine vaguement le cerveau et la gaine pharyngienne. La bouche (B)
en arrière du cerveau, la ventouse (V), un peu en arrière du milieu du
corps, et la glande coquillière (gl. coq.) sont très facilement reconnais-
sables. La partie claire vers le milieu de cette dernière, que j'avais prise
d'abord pour l'orifice génital femelle, correspond en réalité à la cavité
de l'atrium ; les pores mâle et femelle n'étaient pas visibles sur l'animal entier. Enfin, neuf corps arrondis, opaques, très visibles sur la face
ventrale, et la terminaison (I) de l'intestin principal n'ont pu être déter-
minés que par l'étude des coupes. Sur le pourtour du corps, les extrémités des ramifications intestinales sont visibles.

Appareil digestif (Pl. III, fig. 1 et 6). — La gaine pharyngienne s'étend
jusqu'au cerveau, et la bouche est située presque immédiatement en
arrière de celui-ci. Le pharynx cylindrique, dirigé en avant, ne présente
rien de remarquable, si ce n'est que le mésenchyme y est peu abondant
(Pl. III, fig. 7).

L'intestin principal s'étend en avant, un peu au-dessus de la partie
postérieure du cerveau, et présente latéralement cinq paires de branches
qui se ramifient sans s'anastomoser. A sa partie postérieure, l'intestin
principal présente un fin canalicule dorsal, qui le met en communication
avec l'extérieur. Comme en ce point l'intestin principal est voisin des
téguments, le canalicule capillaire est court (Pl. III, fig. 1 et 3). Le
mésenchyme, autour du canalicule dorsal, présente des cellules glandulaires. Il y a donc ici une disposition comparable à celle signalée par
Lang chez *Oligocladus*, mais avec cette différence que la communication
avec l'extérieur se fait dans notre espèce à canal ouvert, quoique celui-ci
soit extrêmement capillaire. Ce fait, particulier dans le groupe des Polyclades, rapproche plus notre *Aceros* des *Oligocladus* que des *Stylostomum*.

Organes copulateurs. — L'appareil copulateur mâle (Pl. III, fig. 1) ne mérite aucune mention spéciale. Par ses connexions comme par sa structure, il est conforme à celui de l'espèce méditerranéenne. Le pore mâle est à une faible distance en arrière de la bouche.

L'orifice femelle est un peu plus rapproché de l'orifice mâle que de la ventouse. Les glandes coquillières sont très développées. La seule particularité digne d'être signalée, c'est la présence de cinq paires de vésicules utérines et d'une vésicule utérine impaire postérieure (Pl. III, fig. 8). Ces vésicules alternent avec les branches intestinales paires (Pl. III, fig. 6), prenant ainsi une disposition métamérique. Elles étaient visibles sur l'animal entier, à l'exception de la première paire, parce que celle-ci ne renferme pas les granules jaunes qu'on observe dans les autres.

Chez *Aceros*, comme chez *Eurylepta* et *Stylostomum*, Lang ne signale qu'une paire de glandes utérines, tandis qu'il en indique quatre paires chez *Oligocladus* et onze paires chez *Cycloporus*. Le nombre de ces glandes dans notre espèce antarctique ne me paraît pas suffisant pour éloigner celle-ci du genre *Aceros*, d'autant plus que le nombre de ces glandes ne semble pas être absolument fixe dans tous les individus d'une même espèce, ainsi que Woodworth (1) l'a montré pour *Diposthus corallicola* Woodw.

Chacune des vésicules utérines est reliée par un conduit propre aux canaux utérins latéraux, qui, au niveau de la deuxième paire (Pl. III, fig. 8 et 2), émettent chacun un oviducte se dirigeant vers la ligne médiane, où ils se réunissent en un canal commun qui reçoit le produit des glandes coquillières et s'ouvre dans l'atrium femelle, dont les parois sont bourrées de rhabdites.

Je n'ai pu étudier que d'une manière imparfaite la structure des glandes utérines, à cause de la fixation défectueuse et du mauvais état de conservation de l'échantillon. Néanmoins, on voit dans toutes des cellules qui ressemblent énormément à des ovules et des corpuscules sphériques jaunes très abondants, dont la plupart présentent à l'intérieur quelques très petits points noirs. Ces corpuscules semblent être des produits de

---

(1) WOODWORTH, Some planarians from the great barrier reef of Australia (*Bull. of the Museum of comp. Zool. at Harvard College.* vol. XXXII, n° 4, 1898).

sécrétion de la paroi ; ils occupent surtout la partie dorsale des vésicules utérines. Un certain nombre de cristaux, jaunes comme les sphères, accompagnent celles-ci ; les uns ont la forme d'aiguilles, les autres sont tabulaires. Les sphères jaunes font défaut dans la première paire des glandes utérines. Au milieu des corpuscules jaunes, on observe, dans chaque glande, une cellule semblable à un ovule, mais à prolongements cytoplasmiques en forme de pseudopodes (Pl. III, fig. 4 et 5). La partie ventrale ou inférieure des vésicules, qui ne contient pas de sphérules jaunes, est remplie par des cellules à aspect d'ovules, mais sans prolongements pseudopodiques.

TRICLADES MARICOLES.

Procerodes Wandeli.
(Pl. I, fig. 10 et 11 ; Pl. V, fig. 2.)

J'ai eu à ma disposition 127 individus de cette espèce. Tous ces exemplaires ont été recueillis sous les galets du rivage, à marée basse, sauf un (n° 179) dragué à 20 mètres. Bien que ce dernier individu soit en mauvais état, il est facile de reconnaître qu'il appartient à la même espèce que les autres.

Les 127 individus recueillis se répartissent de la façon suivante :

Ile Wandel. -- Cinquante et un exemplaires. N°ˢ 309, 492, 504, 510, 561 et 605.
Ile Moureau. -- Quarante exemplaires. N°ˢ 48 et 51.
Baie des Flandres. — Seize exemplaires. N°ˢ 55 et 83.
Baie Carthage. — Vingt exemplaires, dont un dragué par 20 m. N° 179.

Ce Triclade peut donc être considéré comme aussi commun sur les plages antarctiques que le *Procerodes Ohlini* Bergendal au cap Horn, et le *Procerodes ulvæ* sur les côtes boulonnaises.

Procerodes Wandeli mesure 6 millimètres en longueur et 3 à 4 millimètres en largeur, vers la partie postérieure du corps.

Le corps, large et arrondi en arrière, s'atténue progressivement vers le milieu jusqu'à l'extrémité antérieure, qui ne porte pas de tentacules.

La face dorsale (Pl. I, fig. 10) est d'une couleur qui varie du noir au brun jaunâtre, et présente, sur la ligne médiane, une à trois taches claires

longitudinales, parfois arrondies, en général de peu d'étendue. L'une de
ces taches se trouve un peu en arrière du niveau des yeux ; la seconde est
au milieu du corps, la troisième à l'extrémité postérieure. De nombreux
individus sont marqués de ces trois taches, d'autres n'ont que les taches
antérieure et postérieure ; d'autres enfin n'ont qu'une seule tache, l'antérieure, ou plus rarement la postérieure. La plus constante de ces taches
est l'antérieure. Le pigment foncé de la face dorsale, qui manque aux
points correspondants aux taches, fait également défaut, chez tous les
individus sans exception, à l'extrémité céphalique, où il se termine par
trois courts prolongements dont un médian et deux latéraux, délimitant
ainsi deux encoches non pigmentées au fond desquelles se trouvent les
yeux noirs et petits.

Les variations dans la couleur de la face dorsale et dans le nombre des
taches claires ne sont pas en relation avec des localités différentes ; elles
peuvent se rencontrer sur les divers individus recueillis en un même
point. Des variations individuelles analogues sont d'ailleurs fréquentes
chez la plupart des espèces de Triclades Maricoles et Paludicoles.

La face ventrale (Pl. I, fig. 11) est uniformément d'un blanc jaunâtre.
La bouche est à peu près exactement au deuxième tiers postérieur de la
longueur totale du corps, et l'orifice génital est moins éloigné de la
bouche que de l'extrémité postérieure.

Les ramifications intestinales ne sont pas anastomosées.

Les *organes copulateurs* (Pl. V, fig. 2) ont une structure qui éloigne,
comme les caractères extérieurs, notre espèce des espèces connues.

Le canal utérin s'ouvre, d'une part, dans l'atrium au niveau de
l'orifice génital et, d'autre part, à l'extrémité postérieure de l'utérus ; il
porte sur toute son étendue de nombreuses glandes radiairement
disposées.

L'oviducte impair, formé par la réunion des deux oviductes latéraux,
débouche encore dans le canal utérin comme dans les espèces connues,
mais notablement plus haut, près de l'orifice du canal utérin dann
l'utérus, de sorte qu'il y a en ce point un carrefour où aboutissent le
canal utérin, l'utérus et l'oviducte impair. Cette disposition est absolument différente de celle des espèces du cap Horn.

L'utérus piriforme est situé obliquement au-dessus de la gaine du pénis et tout entier en avant du canal utérin, auquel il se réunit presque à angle droit par son extrémité amincie. Cette disposition, très caractéristique, présente un certain intérêt. L'utérus n'est plus situé en arrière de l'orifice génital, comme chez les Maricoles et les Terricoles ; on ne peut pas dire davantage qu'il est placé entre le pharynx et le pénis comme chez les Paludicoles ; en réalité, il est situé au-dessus du pore génital et, si tenant compte de sa forme et de sa position, on suppose que sa partie proximale amincie s'allonge d'une longueur à peu près égale à celle du pénis, la partie vésiculeuse de l'utérus se trouvera reportée entre le pharynx et le pénis, et le type Paludicole sera réalisé. *Procerodes Wandeli* est donc intéressant sous ce rapport.

Le pénis en forme de cône allongé, entièrement charnu, reçoit à sa base les deux canaux déférents et les canalicules de glandes unicellulaires. Il est surtout remarquable par l'épaisseur des muscles circulaires de sa base (bulbe). Le canal qui traverse le pénis présente une légère dilatation en arrière du bulbe, dilatation qui joue probablement le rôle de vésicule séminale.

Un seul cocon accompagne les nombreux exemplaires de cette espèce ; il possède un court pédicelle, et son diamètre est de 1 millimètre.

Procerodes marginata.
(Pl. II, fig. 9 et 10; Pl. V, fig. 1 ; Pl. VI, fig. 1 à 9; Pl. VII, fig. 1 à 12.)

Je n'ai eu à ma disposition qu'un seul exemplaire de cette espèce, heureusement en bon état. Il se trouvait dans le tube n° 605 avec cinq exemplaires de *Procerodes Wandeli*, et était indiqué comme provenant de la plage de Wandel dans les galets. Le même tube contenait en outre un cocon qui, par sa taille plus grande et par l'absence de pédicelle, diffère de celui du *Pr. Wandeli*. Ce cocon, qui a 1^{mm},5 de diamètre, provient vraisemblablement de l'espèce que je désigne sous le nom de *Pr. marginata*.

La longueur du corps est de 11 millimètres, c'est-à-dire presque double de celle de *Pr. Wandeli* dont la taille est pourtant égale à celle des plus grandes espèces connues. Sa largeur est uniformément de

4 millimètres sur toute la longueur, sauf vers l'extrémité antérieure qui est atténuée. L'extrémité postérieure est arrondie.

La face dorsale (Pl. II, fig. 9) est d'un brun noir foncé et présente une bande marginale blanche qui fait tout le tour du corps; une ligne blanche, légèrement élargie vers son milieu, s'étend le long de la ligne médiane, sans cependant atteindre tout à fait les bandes marginales aux deux extrémités du corps.

La limite est très nette entre les parties blanches et les parties colorées en noir par le pigment sous-épithélial. Les deux yeux sont indiqués par des disques blancs.

La face ventrale (Pl. II, fig. 10) est uniformément blanche. La bouche est à 5 millimètres de l'extrémité postérieure, c'est-à-dire moins en arrière que dans la plupart des espèces du genre. Le pore génital est très rapproché de la bouche. La partie caudale, située en arrière des organes copulateurs, est donc remarquablement longue.

Le *pharynx* est relativement court; il n'a pas plus de 2 millimètres de long. C'est la seule remarque à faire sur l'appareil digestif, dont les ramifications ne s'anastomosent pas.

Les *testicules* sont en pleine activité; les spermiductes et les gros canaux déférents contiennent des spermatozoïdes.

Les *ovaires*, situés, suivant la règle, en arrière du cerveau, sont petits. Les glandes lécithogènes, pas plus que les ovaires, ne sont dans une période de grande activité.

Les *oviductes*, voisins des cordons nerveux ventraux, peuvent être suivis depuis l'ovaire jusqu'au point où ils s'ouvrent séparément dans le canal utérin (Pl. VI, fig. 1 et 9; Pl. VII, fig. 4, 5, 6, 7). Leur lumière étroite est tapissée de cils vibratiles. Sur leur coupe transversale, on peut compter sept à huit noyaux (Pl. VI, fig. 6, et Pl. VII, fig. 10).

Organes copulateurs males. — *Vésicule séminale.* — Elle commence dans la région pharyngienne postérieure, où elle est dorsalement située par rapport au pharynx (Pl. V, fig. 1), et s'étend en arrière de celui-ci. Elle est grande, presque globuleuse, à paroi épaisse, glandulaire, entourée d'une zone musculaire relativement peu développée. La structure de cette vésicule, qui semble remplir à la fois le rôle de glandes du pénis et de vésicule séminale, est très particulière. Sa lumière, relativement étroite vers l'extrémité distale (Pl. V, fig. 1, et Pl. VI, fig. 1), s'élargit fortement au point où elle reçoit les deux canaux déférents (Pl. V, fig. 1, et Pl. VI, fig. 2 et 3), et se continue en arrière avec le canal du pénis.

Canaux déférents. — Les gros canaux déférents (Pl. VI, fig. 1 et 2, *cdd* et *cdg*) ou canaux collecteurs des spermiductes de la partie antérieure du corps s'observent latéralement et ventralement dans la région de la vésicule séminale et du pharynx. Ils reçoivent, en outre, avant de s'ouvrir dans la vésicule séminale, les deux spermiductes qui lui amènent le sperme élaboré par les testicules de la partie postérieure du corps (Pl. VI, fig. 1, 2, 3 et 7 *spd*). Tandis que l'épithélium des gros canaux collecteurs du sperme est aplati et non cilié, celui des spermiductes est plus élevé et porte des cils vibratiles (Pl. VI, fig. 4 et 5).

Pénis (Pl. V, fig. 1 ; Pl. VI, fig. 8 et 9, et Pl. VII, fig. 1, 2 et 3). — Il est à peu près cylindrique, trapu et présente, vers son extrémité libre, une collerette circulaire ou sorte de prépuce qui ne recouvre que la base de l'extrémité amincie, dépourvue de toute partie dure. Le canal qui le traverse est le prolongement rétréci de la lumière de la vésicule séminale. L'épithélium de cette dernière perd déjà en grande partie son caractère glandulaire dans le voisinage du pénis (Pl. VI, fig. 7), et devient insensiblement pavimenteux dans le canal du pénis (Pl. VI, fig. 8 et 9). En même temps que l'épithélium s'aplatit, la couche musculaire, peu développée autour de la vésicule séminale, s'épaissit considérablement dans le pénis, où l'on distingue une couche de fibres circulaires internes et une couche de fibres radiaires avec cellules granuleuses d'apparence glandulaire.

Atrium et gaine du pénis. — La gaine du pénis est tapissée par un épithélium cilié qui s'élève en papilles d'autant plus saillantes qu'elles sont plus voisines de l'orifice génital (Pl. V, fig. 1 ; Pl. VII, fig. 1 et 2). De larges papilles épithéliales se rencontrent aussi sur la face ventrale, autour de l'ouverture génitale. En arrière de l'atrium et au-dessus de l'orifice atrial du canal utérin, se trouve une cloison (Pl. V, fig. 1, et Pl. VII, fig. 3, S). Ce septum transversal se trouve à la limite de la gaine du pénis et de l'atrium, et restreint beaucoup l'ouverture de la gaine du pénis dans l'atrium.

ORGANES COPULATEURS FEMELLES. — *Canal utérin* (Pl. V, fig. 1 ; Pl. VII, fig. 4 à 9). — Il s'ouvre dans la partie postérieure de l'atrium, au-dessous et en arrière du septum transversal. Il est entouré de nombreuses glandes unicellulaires radiairement disposées. Ce canal se dirige d'abord en arrière, à peu près parallèlement à la face ventrale, puis il se relève presque verticalement pour aller s'ouvrir dans l'utérus. Les figures 4, 5, 6 et 7 (Pl. VII) montrent la marche des oviductes qui se rapprochent progressivement de la ligne médiane, traversent la zone des glandes et vont s'ouvrir séparément et symétriquement dans le canal utérin au point où celui-ci se coude, c'est-à-dire à peu près au milieu de sa longueur. Il n'y a donc pas d'oviducte impair.

Les coupes transversales du canal utérin (Pl. VII, fig. 12) montrent qu'il est tapissé par un épithélium élevé à noyaux situés à la base des cellules, et qu'il est entouré par une couche de fibres circulaires traversée par les canaux excréteurs des cellules glandulaires radiaires.

Utérus. — Situé en arrière du pénis et du canal utérin, l'utérus est grand et offre, dans la plupart des coupes transversales, la forme d'une demi-lune à concavité ventrale (Pl. VII, fig. 7, 8 et 9). Sa face dorsale convexe présente plusieurs replis internes de sa paroi épithéliale, tandis que sur la face ventrale concave on observe des replis externes digitiformes qui ont l'aspect de diverticules. C'est au milieu de cette face concave que s'ouvre le canal utérin (Pl. VII, fig. 9).

REMARQUES SUR LES PROCERODES ANTARCTIQUES.

Grâce à l'obligeance du professeur L. Joubin, j'ai pu examiner un grand nombre de Triclades Maricoles provenant du cap Horn (Bocal 1147, tubes 21, 22, 23 et 24), et reconnaître qu'ils appartiennent tous au *Procerodes ohlini* Bergendal. Cette espèce, connue dans le détroit de Magellan (Punta-Arenas), à la Terre de Feu (Uschuia) et à l'île Navarin (Puerto-Toro), n'avait pas encore été signalée plus au sud, au cap Horn.

Il me paraît intéressant de faire remarquer que cette espèce est différente des Maricoles antarctiques.

Les exemplaires du cap Horn ont la face dorsale tantôt noire, tantôt
d'un brun foncé, avec souvent deux lignes longitudinales plus claires et
une transversale en arrière de la tête (Pl. I, fig. 9). Chez certains individus on observe, en outre, des dessins blanchâtres qui rappellent les
marbrures de certaines Hirudinées; d'autres, de couleur foncée noirâtre,
n'ont qu'un collier clair postérieur et une tache claire arrondie au
milieu du dos. Tous indistinctement portent, de chaque côté de la tête,
une partie claire bombée correspondant aux yeux. Ces variétés de couleur sont analogues à celles signalées chez les individus du détroit de
Magellan. La longueur du corps est de 5 à 7 millimètres et sa largeur
de 2 à 4 millimètres.

Procerodes Ohlini ne s'éloigne pas moins des espèces antarctiques par
ses organes copulateurs que par ses caractères extérieurs. Si, à ce point
de vue, on le compare avec *Pr. Wandeli*, on est surtout frappé par ce
fait que l'oviducte impair chez ce dernier s'ouvre presque directement
dans l'utérus, tandis que, chez *Pr. Ohlini*, il débouche dans le canal
utérin vers son milieu (1).

Böhmig (2) a décrit, sous le nom de *Procerodes variabilis*, une autre
espèce des mêmes régions, qu'il signale à Punta-Arenas et à la Terre de
Feu, et que je n'ai pas rencontrée dans les échantillons recueillis au cap
Horn. *Pr. Wandeli* se distingue aussi de cette espèce, non seulement
par ses caractères extérieurs, mais aussi par plusieurs dispositions anatomiques, parmi lesquelles je citerai : l'absence sur l'oviducte impair de
Pr. Wandeli, même dans sa partie voisine de l'utérus, des glandes que
Böhmig signale chez *Pr. variabilis* et qu'il nomme glandes coquillières ;
la forme et la structure du pénis et surtout la position si remarquable
de l'utérus au-dessus de la gaine du pénis, et sa direction oblique d'avant
en arrière chez *Pr. Wandeli*, direction qui est inverse de celle qu'on
observe dans les autres espèces.

Quant au *Procerodes marginata*, il faudrait en faire un genre et même

(1) Voy. Böhmig, *Zeitsch. f. Wiss. Zool.*, Bd. LXXXI, 1906, Pl. XVI, fig. 5.
(2) Böhmig, Rhabdocœliden u. Tricladen. (*Hamburger Magelhaensische Sammelreise*, 1902,
Hamburg, et in *Zeitsch. f. Wiss. Zool.* 1906, p. 191 et 192.)

une sous-famille à part, si l'on voulait suivre à la lettre la classification de Böhmig (1). En effet, remaniant la classification que j'ai donnée en 1889 et en 1894 (2), Böhmig n'admet plus que deux familles, par suppression des Otoplanides :

1° Les Procérodides, qu'il divise en trois sous-familles, savoir : les Euprocérodines avec le genre *Procerodes* ; les Cercyrines avec les *Cercyra* et le genre nouveau *Sabussowia* ; les Micropharyngines avec le genre *Micropharynx* Jägerskiöld 1896 ; 2° les Bdellourides, qu'il partage en deux sous-familles : les Utériporines avec le genre *Uteriporus*, et les Eubdellourines avec les genres *Bdelloura* et *Syncoelidium* Wheeler 1894.

Pr. marginata doit évidemment rentrer dans la famille des Procérodides, qui n'ont qu'un seul pore génital, les Bdellourides étant caractérisés par deux ou trois orifices génitaux. Mais dans quelle division ?

Böhmig, qui élève au rang de sous-familles les genres *Procerodes* et *Cercyra*, attribue à ses trois subdivisions les caractères suivants :

1° Euprocérodines : les canaux déférents ne se réunissent pas hors du pénis en un canal commun. Pénis ni pointu ni armé. Le conduit glandulaire ou oviducte impair (Eiergang), placé en arrière du canal utérin, s'ouvre dans celui-ci. Diverticules intestinaux (branches intestinales secondaires) non anastomosés.

2° Cercyrines : les canaux déférents se réunissent en avant du pénis en un canal commun. Pénis pointu ou pourvu d'un stylet. Conduit glandulaire en avant du canal utérin ; ce dernier s'ouvre à l'extrémité postérieure du premier. Diverticules intestinaux non anastomosés.

3° Micropharyngines : les canaux déférents se réunissent en avant du pénis en un canal commun. Pénis non pointu. Les oviductes s'ouvrent séparément dans l'utérus (?), à la limite de son conduit excréteur. Diverticules intestinaux richement ramifiés et formant de nombreuses anastomoses.

Or *Procerodes marginata* présente la plupart des caractères des Euprocérodines, mais il n'a pas d'oviducte impair. Sous ce rapport, il devrait

---

(1) Böhmig, Tricladenstudien : I. Tricladida maricola (*Zeitsch. f. Wiss. Zool.*, 1906, p. 185 et suiv.).
(2) Catalogue des Turbellariés du nord de la France et de la côte Boulonnaise (*Revue biol. du Nord de la France*, 1889, et 2e édition, Lille, 1894).

donc rentrer dans la sous-famille des Micropharyngines dont il s'éloigne par tous les autres caractères.

Outre l'absence d'un oviducte impair, *Pr. marginata* présente encore quelques caractères anatomiques, qui lui sont propres, tels que le septum atrial, le pénis pointu, mucroné, avec un semblant de prépuce et un organe glandulaire remarquable, enfin un utérus avec diverticules.

Il n'en faudrait pas davantage pour justifier la création d'un genre nouveau. Mais je suis depuis longtemps convaincu qu'il n'y a aucun intérêt à multiplier les coupes génériques, ni les subdivisions des familles, surtout quand ces subdivisions ne doivent comprendre qu'un ou deux genres.

Pour que notre espèce antarctique puisse être comprise dans le genre *Procerodes*, il suffit d'élargir un peu la diagnose du genre qu'on peut formuler ainsi :

Procérodides à canaux déférents ne se réunissant pas hors du pénis en un canal commun; à pénis non armé; à oviductes s'ouvrant dans le canal utérin en un point plus ou moins rapproché de l'utérus, soit séparément, soit après s'être réunis en un conduit impair; à ramifications intestinales non anastomosées.

Cette diagnose a l'avantage de permettre de grouper, sous un même nom, un plus grand nombre de formes dont les affinités étroites sont évidentes.

EXPLICATION DES PLANCHES

LETTRES COMMUNES A TOUTES LES FIGURES

At. Atrium.
B. Bouche.
Bi. Bouche intestinale.
C. Cerveau.
cd. Canal déférent.
cdd. Canal déférent droit.
cdg. — gauche.
cdimp. — impair.
cej. Canal éjaculateur.
cut. Canal utérin.
ep. Épithélium.
fce. Fibres circulaires externes.
fci. — — internes.
fle. — longitudinales externes.
fli. — — internes.
fr. — radiales.
gl. Glandes.
glcoq. Glandes coquillières.
glut. Glandes utérines.
glgr. — granuleuses.
gP. Gaine du pénis.
gPh. Gaine pharyngienne.
gPhi. — — partie interne.
I. Intestin.
M. Mésenchyme.
m. Muscles.
N. Troncs nerveux latéraux.
n. Nerf.

ocd. Orifice des canaux déférents dans la vésicule séminale.
ocd¹. Point de jonction des deux canaux déférents.
ocut. Orifice du canal utérin dans l'utérus.
ocut². Orifices des canaux utérins dans l'organe copulateur femelle.
Og. Orifice génital.
oovd. Orifice de l'oviducte dans le canal utérin.
Org.cop.f. Organe copulateur femelle.
Ov. Ovaire.
ovd. Oviducte.
ovdi. Oviducte impair.
P. Pénis.
Ph. Pharynx.
pd. Pore dorsal.
S. Septum de l'atrium.
T. Tentacule.
T.em. Tissu embryonnaire.
spd. Spermiducte postérieur.
ut. Utérus.
V. Ventouse.
Vs. Vésicule séminale.
Vgl.gr. Vésicule des glandes granuleuses.
y. Yeux.
♂. Orifice génital mâle.
♀. — — femelle.

PLANCHE I

Fig. 1-3. — *Stylochoïdes albus*. Gr. = 23.

1. Face ventrale et yeux tentaculaires.
2. Face dorso-postérieure.
3. Face dorsale antérieure : yeux cervicaux et tentaculaires.

EXPLICATION DES PLANCHES.

Fig. 4-5. — *Aceros maculatus*. Gr. = 23.

4. Face dorsale.
5. Face ventrale.

Fig. 6. — *Stylostomum antarcticum*. Face dorsale. G. = 23.

Fig. 7-8. — *Eurylepta cornuta* Müller var. *Wandeli*. G. = 4.

7. Face dorsale.
8. Face ventrale.

Fig. 9. — *Procerodes ohlini* Bergend. du cap Horn.

9. Face dorsale. Gr. = 7.

Fig. 10-11. — *Procerodes Wandeli*. Gr. = 7.

10. Face dorsale.
11. Face ventrale montrant la position de la bouche et de l'orifice génital.

PLANCHE II

Fig. 1-4. — *Stylostomum punctatum*.

1. Face dorsale. Gr. = 23.
2. Face ventrale. Gr. = 23.
3. Disposition des yeux cervicaux et tentaculaires dorsaux. Gr. = 50.
4. — — tentaculaires de la face ventrale. Gr. = 50.

Fig. 5-6. — *Stylostomum antarcticum*. Gr. = 50.

5. Disposition des yeux cervicaux et tentaculaires de la face dorsale.
6. — — tentaculaires de la face ventrale.

Fig. 7-8. — *Aceros maculatus*. Gr. = 50.

7. Disposition des yeux tentaculaires de la face ventrale.
8. — — cervicaux et tentaculaires de la face dorsale.

Fig. 9-10. — *Procerodes marginata*. Gr. = 7.

9. Face dorsale.
10. Face ventrale montrant la position de la bouche et de l'orifice génital.

PLANCHE III

Toutes les figures de cette planche se rapportent à l'*Aceros maculatus*.
1. Coupe longitudinale médiane reconstituée à l'aide des coupes transversales.
2. Coupe transversale au niveau de la deuxième paire des glandes utérines.
3. Pore dorsal de l'intestin.
4. Coupe d'une glande utérine et de son canal.
5. Une cellule amœbiforme d'une glande utérine et les corpuscules jaunes qui l'environnent.

6 Disposition de l'appareil digestif; les ramifications des branches principales ne sont pas représentées. Reconstitution d'après les coupes transversales.

7. Coupe transversale du pharynx.

8. Diagramme des organes génitaux femelles.

PLANCHE IV

Fig. 1. — *Eurylepta cornuta*. var. *Wandeli*.

1. Coupe longitudinale médiane reconstituée à l'aide des coupes transversales.

Fig. 2-5. — *Stylochoïdes albus*.

2. Coupe longitudinale médiane. *x*, Amas de cellules embryonnaires marquant peut-être le point où se formera l'appareil copulateur femelle.

3. Coupe longitudinale passant par un tentacule.

4.   —   médiane passant par les organes copulateurs en formation.

5. Partie de coupe longitudinale passant par l'un des deux diverticules latéraux (canaux déférents?) de la vésicule séminale.

PLANCHE V

Fig. 1. — *Procerodes marginata*.

1. Coupe longitudinale médiane reconstituée d'après les coupes transversales.

Fig. 2. — *Procerodes Wandeli*.

2. Coupe longitudinale médiane.

Fig. 3. — *Eurylepta cornuta* var. *Wandeli*.

3. Coupe transversale passant par la région proximale de la vésicule séminale et de la glande granuleuse.

Fig. 4. — Grégarines de l'intestin de *Stylochoïdes albus*.

4. A, Jeune. — B et C, Adultes. — D, Coupe tranversale. — E, Individus en conjugaison.

PLANCHE VI

Fig. 1-9. — Toutes les figures de cette planche se rapportent au *Procerodes marginata*. Toutes les coupes, sauf les figures 4, 5 et 6, sont dessinées à un grossissement de 40 environ.

1. Partie de la 465ᵉ coupe. Portion antérieure de la vésicule séminale, en arrière de la gaine pharyngienne.

2. Partie de la 487ᵉ coupe. Point où le canal déférent droit s'ouvre dans la vésicule séminale.

3. Partie de la 494ᵉ coupe. Le spermiducte gauche s'ouvre dans le canal déférent du même côté.

4. Partie plus grossie de la coupe précédente.
5. Spermiducte postérieur (Immersion).
6. Oviducte (Immersion).
7. Partie de la 497° coupe. Extrémité postérieure de la vésicule séminale. On voit encore le spermiducte postérieur droit qui disparaît quelques coupes plus loin.
8. Partie de la 507° coupe. Coupe transversale de la partie du pénis voisine de la vésicule séminale.
9. Partie de la 511° coupe. Pénis, orifice génital et atrium.

PLANCHE VII

Fig. 1-12. — Toutes les figures de cette planche se rapportent à *Procerodes marginata*.

1. Partie de la 521° coupe. Pénis, orifice génital et atrium.
2. Partie de la 524° coupe.
3. Partie de la 526° coupe passant par le septum qui sépare en arrière l'atrium de la gaine du pénis.
4. Partie de la 532° coupe. Orifice du canal utérin dans le cæcum postérieur de l'atrium. Extrémité postérieure de la gaine du pénis. Les oviductes commencent à se rapprocher de la ligne médiane.
5. Partie de la 548° coupe. Coupe du canal utérin dont les oviductes se rapprochent de plus en plus.
6. Partie de la 566° coupe. L'oviducte gauche est sur le point de s'ouvrir dans le canal utérin. L'utérus commence à apparaître.
7. Partie de la 572° coupe. L'oviducte droit s'ouvre dans le canal utérin.
8. Partie de la 582° coupe. Canal utérin et utérus.
9. Partie de la 588° coupe. Le canal utérin s'ouvre dans l'utérus.
10. Ovaire et oviducte.
11. Ovule ovarien.
12. Structure du canal utérin.

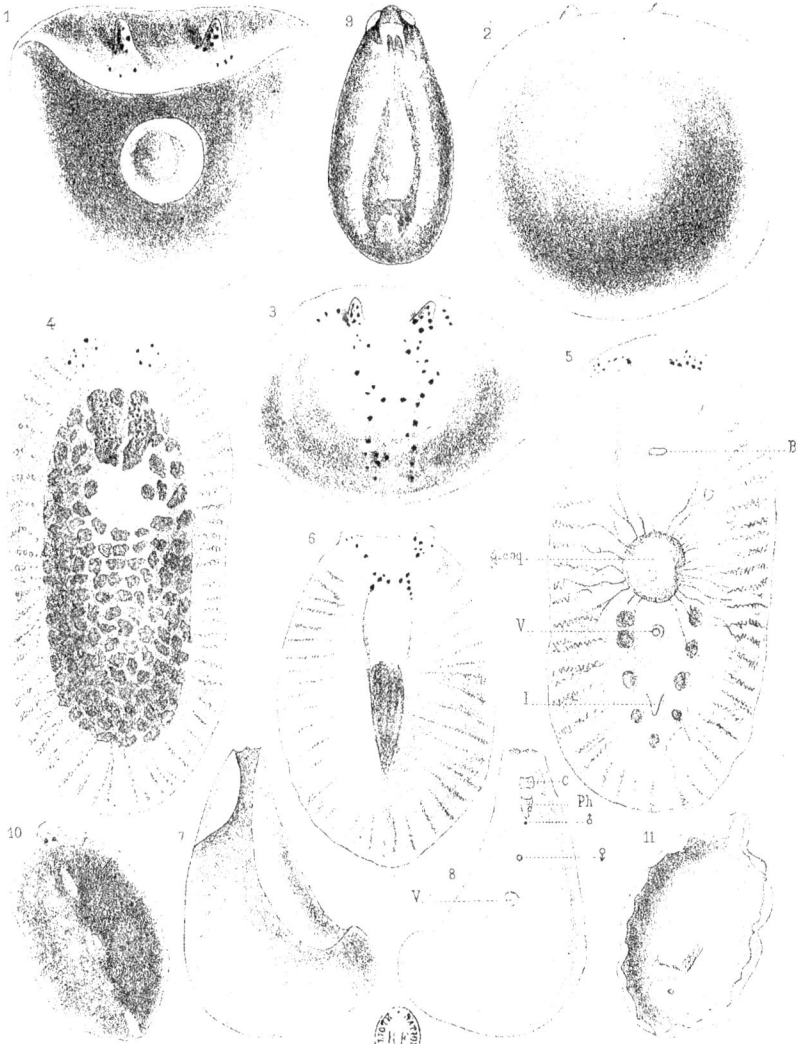

P. Hallez del. Imp. L. Lafontaine, Paris C. Regnier lith.

Polyclades et Triclades.

Masson & C.ie Éditeurs

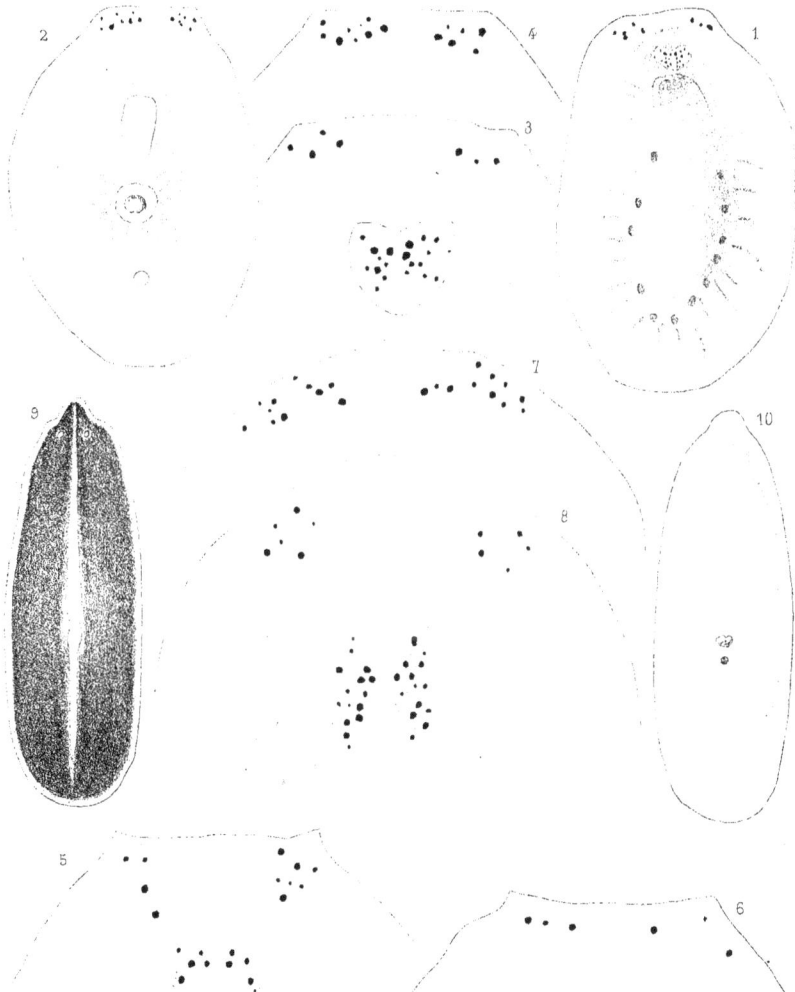

Polyclades et Triclades

Masson & C.ie Editeurs.

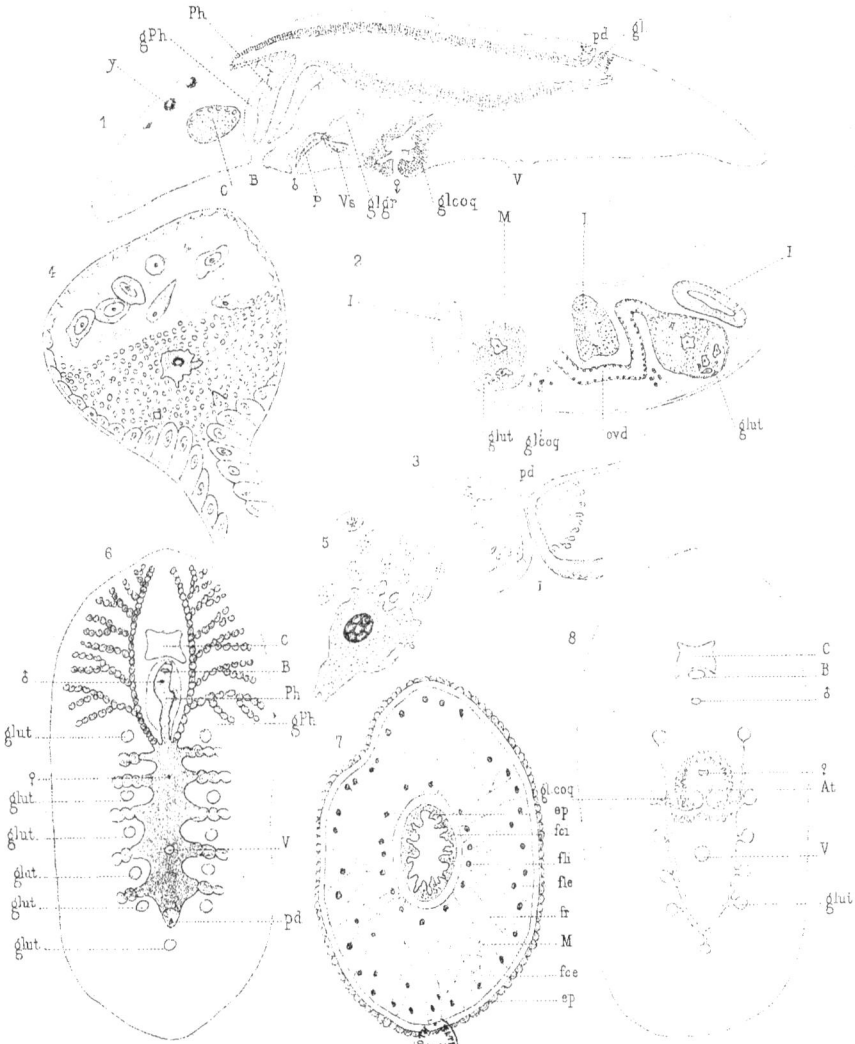

P. Hallez del.   Imp. L. Lafontaine, Paris.   C. Reignier lith.

Aceros maculatus.

Masson & Cie Éditeurs.

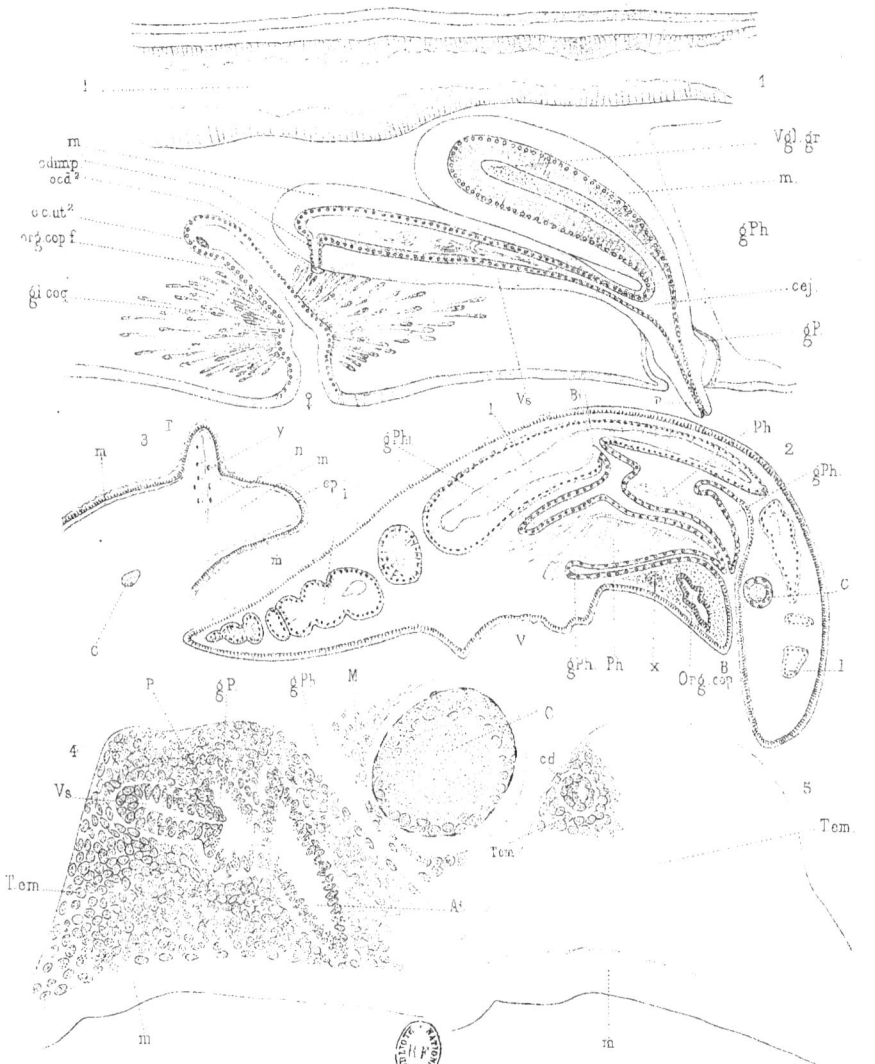

Polyclades

Masson & Cⁱᵉ Éditeurs.

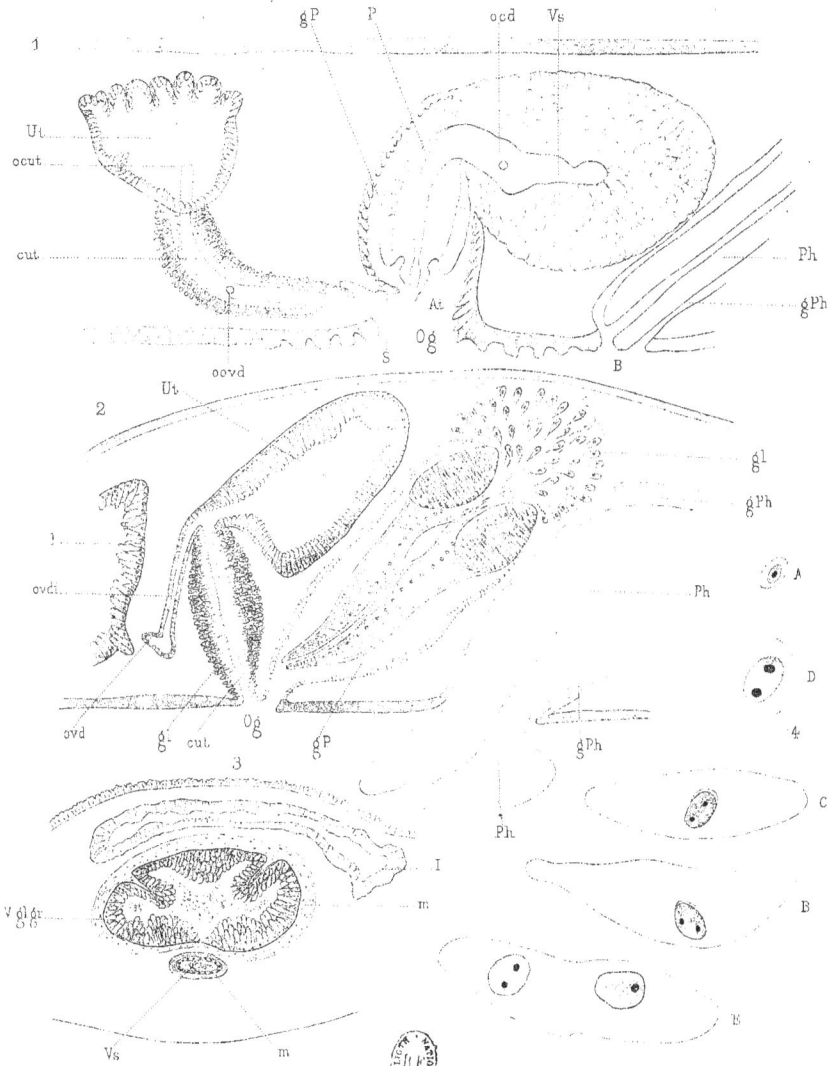

Imp. L. Lafontaine, Paris.

Polyclades et Triclades.

Masson & C.ie Éditeurs

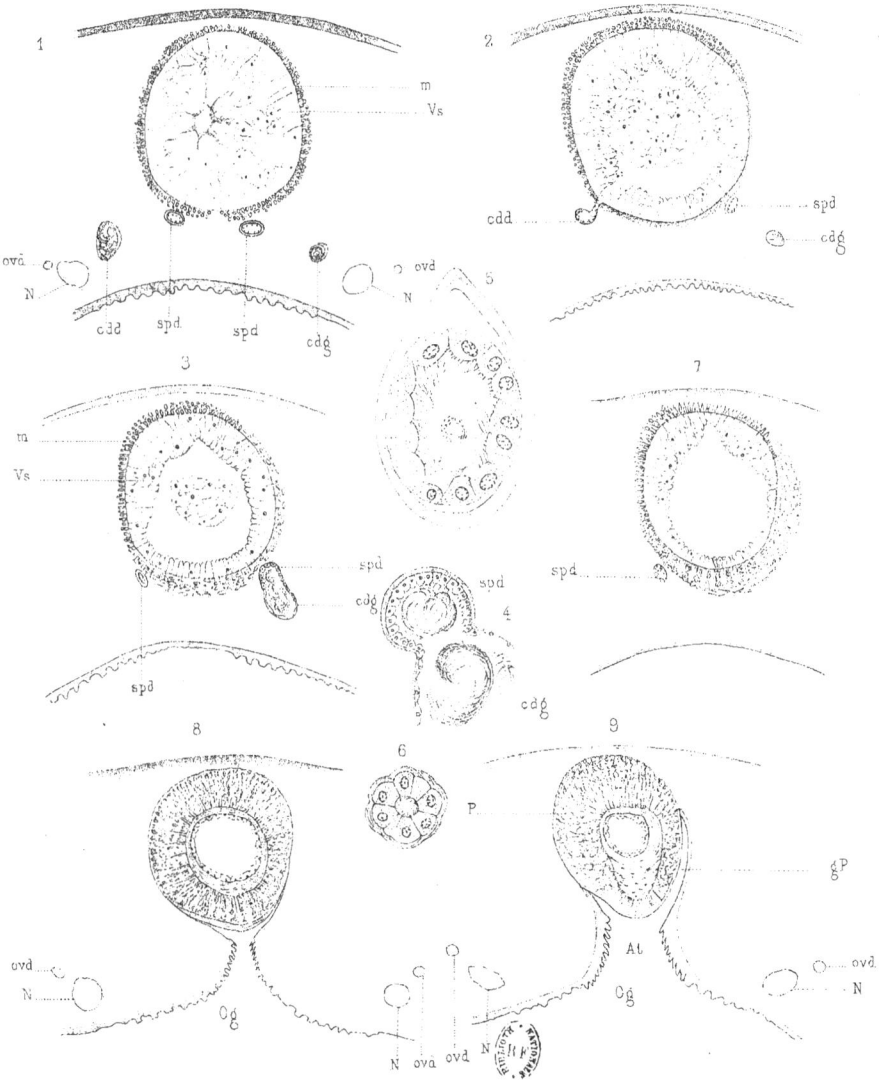

P. Hallez del. imp. L. Lafontaine, Paris G. Reignier lith.

Procerodes marginata

Masson & Cie Éditeurs

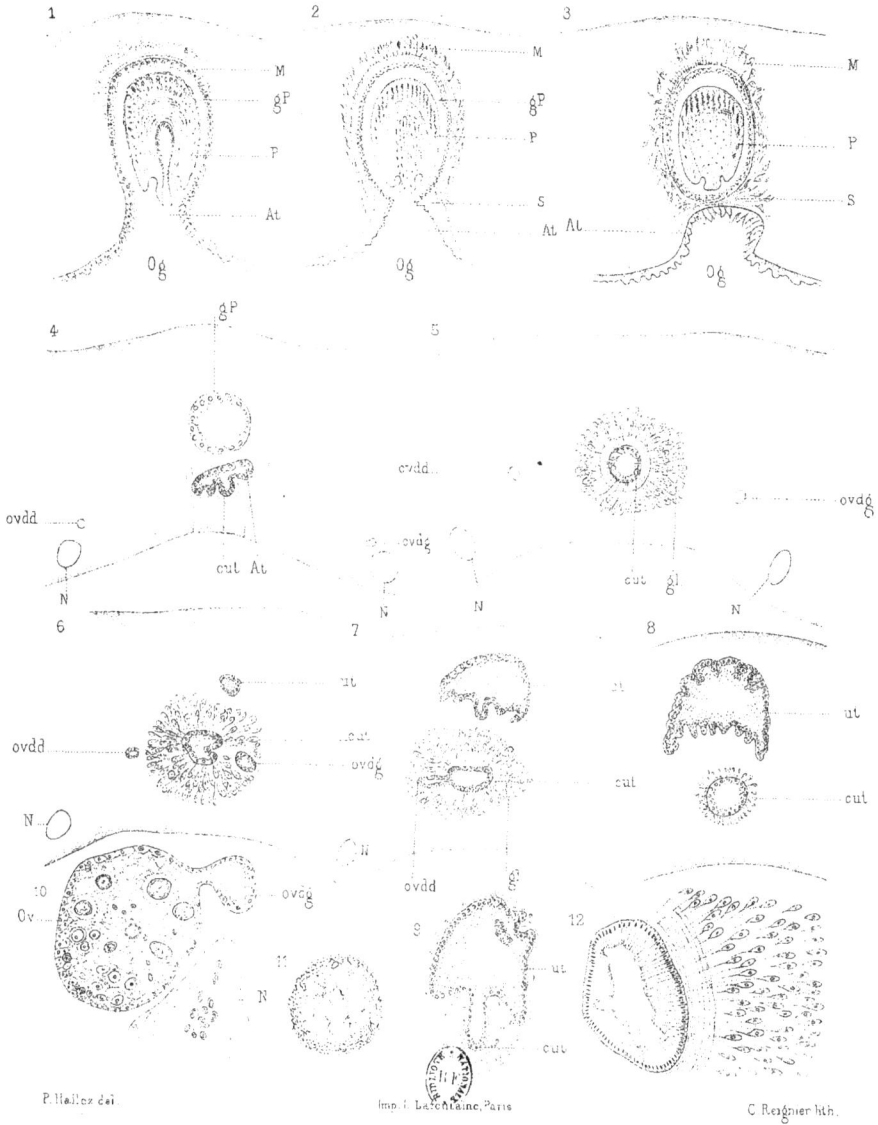

Procerodes marginata

Masson & C.ie Éditeurs

NÉMATHELMINTHES PARASITES

Par MM. A. RAILLIET, Professeur, et A. HENRY, Chef de travaux

A L'ÉCOLE VÉTÉRINAIRE D'ALFORT.

I. — NÉMATODES.

Les Nématodes rapportés par l'Expédition antarctique du « Français » sont presque exclusivement représentés par des *Ascaris* recueillis dans l'estomac de diverses espèces de Phoques.

La détermination n'en a pas été des plus faciles, d'abord par suite de l'emploi, comme liquide conservateur, d'un alcool trop concentré, ce qui apportait un sérieux obstacle à l'éclaircissement des préparations ; ensuite parce que le même flacon renfermait souvent un mélange de deux, trois et jusqu'à quatre espèces différentes, dont la distinction était assez délicate.

Par contre, notre travail a été facilité par l'abondance du matériel.

Nous avons pris pour base de cette étude l'importante monographie de Stiles et Hassall (*Internal Parasites of the Fur Seal*) (1), dans laquelle sont rassemblées systématiquement toutes les données recueillies, jusqu'à la fin du xix° siècle, sur les Helminthes en question.

Ces auteurs répartissent les Ascarides des Phoques en deux grands groupes, suivant l'absence ou la présence de lèvres intermédiaires.

Premier groupe. — *Ascaris* ne possédant pas de lèvres intermédiaires : *A. decipiens* Krabbe ; *A. simplex* Rudolphi ; *A. typica* Diesing ; *A. bicolor* Baird ; *A. patagonica* v. Linstow ; *A. Kükenthalii* Cobb ; *A. similis* Baird ; *A. halicoris* Owen. A cette liste il faut ajouter *A. dehiscens* v. Linstow, 1905 (2).

De toutes ces espèces, trois seulement avaient été signalées, jusqu'à présent, comme appartenant à la faune antarctique : *A. simplex* Rudolphi (3), (4) ; *A. patagonica* v. Linstow (5) ; *A. similis* Baird (6).

Aucune d'elles ne figure dans les échantillons rapportés par l'Expédition Charcot.

Par contre, l'*Ascaris decipiens* Krabbe a été récolté à plusieurs reprises par la mission et représente par suite une espèce nouvelle pour la faune antarctique.

SECOND GROUPE. — *Ascaris* possédant des lèvres intermédiaires. Ils ne comprennent que deux espèces : *A. osculata* Rudolphi et *A. lobulata* Schneider.

L'*Ascaris osculata*, déjà plusieurs fois mentionné (7), (8), (9), dans la faune antarctique, a été récolté également par l'Expédition Charcot.

Mais il y a lieu, en outre, de ranger dans ce second groupe deux espèces nouvelles, recueillies par le « Français », et que nous décrirons sous les noms d'*Ascaris falcigera* et *Ascaris stenocephala*.

Ascaris decipiens Krabbe.

Cette espèce, nouvelle, comme nous l'avons dit, pour la faune antarctique, s'est rencontrée dans six récoltes de l'Expédition du « Français » : une fois chez *Ommatophoca Rossi* Gray ; cinq fois chez *Leptonychotes Weddelli* Less. ; ces deux espèces de Phoques représentent d'ailleurs deux hôtes nouveaux pour le parasite.

Voici le détail de ces récoltes :

N° 218. — Estomac d'un Phoque de Weddel (*Leptonychotes Weddelli* Less.), île Booth-Wandel, Port Charcot, 24 mars 1904.

Une dizaine d'exemplaires parmi *A. osculata* Rud. et *A. stenocephala* n. sp.

N° 455. — Estomac d'un Phoque de Weddel (*L. Weddelli* Less.) femelle, île Booth-Wandel, Port Charcot, 29 avril 1904.

Une dizaine d'exemplaires parmi *A. osculata* Rud.

N° 485. — Estomac d'un Phoque de Weddel (*L. Weddelli* Less.), île Booth-Wandel, 31 juillet 1904.

Une vingtaine d'exemplaires, parmi de nombreux débris de poissons.

N° 629. — Estomac d'un Phoque de Weddel (*L. Weddelli* Less.) très adulte, île Booth-Wandel, 4 novembre 1904.

Quelques exemplaires parmi *A. osculata* Rud. et *A. stenocephala* n. sp.

Dans l'intestin, des Cestades et des Acanthocéphales (*Corynosoma sipho* n. sp.).

N° 708. — Estomac d'un Phoque de Ross (*Omnatophoca Rossi* Gray), n° 5, île Booth-Wandel, décembre 1904.

Quelques exemplaires parmi des milliers d'*Ascaris falcigera* n. sp. Dans l'intestin, des Cestodes.

N° 710. — Estomac d'un Phoque de Weddel (*Leptonychotes Weddelli* Less.), n° 7, île Booth-Wandel, décembre 1904.

Quelques exemplaires parmi *A. osculata* Rud., *A. falcigera* n. sp. et *A. stenocephala* n. sp.

Dans l'intestin, des Cestodes et des Acanthocéphales (*Corynosoma sipho* n. sp.).

Ascaris osculata Rudolphi.

L'Expédition Charcot a fait sept récoltes de cette espèce : deux chez *Lobodon carcinophaga* Homb. et Jacq. et cinq chez *Leptonychotes Weddelli* Less.

Le parasite n'avait pas encore été rencontré chez ces deux hôtes.

Détail des récoltes :

N° 123. — Estomac d'un Phoque crabier (*Lobodon carcinophaga* Homb. et Jacq.), île Booth-Wandel, 24 février 1904.

Deux jeunes exemplaires.

N° 215. — Estomac d'un Phoque crabier (*L. carcinophaga* Homb. et Jacq.) femelle, île Booth-Wandel, Port Charcot, 24 mars 1904.

Deux femelles et un fragment de mâle.

N° 217. — Estomac d'un Phoque de Weddel (*Leptonychotes Weddelli* Less.), île Booth-Wandel, Port Charcot, 24 mars 1904.

Une vingtaine d'exemplaires, jeunes et âgés.

N° 218. — Estomac d'un Phoque de Weddel (*L. Weddelli* Less.), île Booth-Wandel, Port Charcot, 24 mars 1904.

Quelques exemplaires parmi *A. decipiens* Krabbe et *A. stenocephala* n. sp.

N° 455. — Estomac d'un Phoque de Weddel (*L. Weddelli* Less.), femelle, île Booth-Wandel, Port Charcot, 29 avril 1904.

Une cinquantaine d'exemplaires avec *A. decipiens* Krabbe.

N° 629. — Estomac d'un Phoque de Weddel (*L. Weddelli* Less.) très adulte, île Booth-Wandel, 4 novembre 1904.

Avec *A. decipiens* Krabbe et *A. stenocephala* n. sp.

Il existait en outre, dans l'intestin de ce Phoque, des Cestodes et des Acanthocéphales (*Corynosoma sipho* n. sp).

N° 710. — Estomac d'un Phoque de Weddel (*L   Weddelli* Less.), n° 7, île Booth-Wandel, décembre 1904.

Avec *A. decipiens* Krabbe, *A. stenocephala* n. sp. et *A. falcigera* n. sp.

Dans l'intestin, des Cestodes et des Acanthocéphales (*Corynosoma sipho* n. sp.).

Ascaris falcigera n. sp.
Ascaris osculata v. Linstow, 1892, pro parte (9).
(Fig. 1-2; Pl. I, fig. 1-7.)

Corps de teinte blanc jaunâtre, cylindrique, atténué aux deux extrémités. La cuticule présente de nombreuses petites crêtes longitudinales coupées par de très fines stries transversales distantes les unes des autres de 4 μ environ.

La bouche est munie de trois lèvres principales et de trois lèvres intermédiaires, formant un ensemble (*tête* des auteurs) plus large que long, et *aussi large* que la partie antérieure du corps.

Toutes les lèvres possèdent en dehors une partie cuticulaire épaisse, transparente, formant des sortes de *joues*.

Les lèvres principales portent quatre *papilles doubles* (deux sur la lèvre supérieure, une sur chacune des autres). Les lèvres intermédiaires (Pl. I, fig. 5) ont une partie libre (*ab*) recourbée vers l'intérieur et *plus courte* que la moitié de la longueur totale (*ac*) de la lèvre.

La région du corps qui fait suite à la tête, et qu'on pourrait désigner sous le nom de *cou*, présente une sorte de froncement de la cuticule. Les fronces, *au nombre de 8 à 10* environ, sont plus fortes en avant ; en arrière, elles s'atténuent progressivement jusqu'à se confondre avec les stries de la cuticule.

On ne trouve pas d'ailes cervicales ; seulement une paire de papilles à 800-900 μ de l'extrémité des lèvres.

L'œsophage, long de 2ᵐᵐ,3, large de 500 μ, est pourvu d'un prolongement cæcal dirigé en arrière. L'intestin offre lui-même à sa naissance un semblable diverticule dirigé en avant et s'étendant jusqu'au milieu de la longueur de l'œsophage.

Mâle. — Long de 18 à 21 millimètres, large de 900 μ en moyenne. L'extrémité caudale, enroulée sur elle-même, est terminée par un petit appendice conique long 40 à 50 μ et présente deux *ailes latérales* très nettes, ayant leur plus grande largeur, 50 μ, au niveau ou un peu en arrière du cloaque. Ces ailes présentent une paire de papilles latérales à 100 μ environ de la pointe caudale. La face ventrale porte des papilles cylindroïdes ou longuement fusiformes, au nombre approximatif de quarante paires, ainsi réparties de chaque côté et d'arrière en avant :

Fig. 1. — Disposition des papilles caudales chez le mâle d'*Ascaris falcigera*.

1° Un groupe de quatre papilles en avant de la pointe caudale. Ces papilles sont disposées en deux files qui divergent en avant ; les deux papilles externes sont *plus distantes* que les deux papilles internes ;

2° Une papille double entre la pointe caudale et le cloaque, à

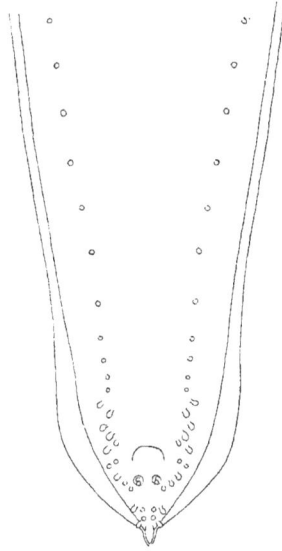

150 μ environ de cette pointe, et distante de 10 à 12 μ de la ligne médiane ;

3° Un groupe de papilles débutant au niveau ou un peu en arrière de la papille double et se prolongeant en avant bien au delà du cloaque.

Ces papilles, généralement au nombre de douze, sont disposées en deux ou trois rangées longitudinales irrégulières ;

4° Enfin, une file plus ou moins régulière de papilles, dont le volume va s'atténuant en avant et dont le nombre, difficile à évaluer, n'est certainement pas inférieur à une vingtaine.

Le cloaque s'ouvre à 200-240 μ de l'extrémité postérieure. Il livre passage à deux spicules égaux, *longs de 4ᵐᵐ,2 à 4ᵐᵐ,8*, dont la partie normalement exserte, très incurvée, représente environ la moitié de leur longueur. Leur extrémité présente une courbure caractérisque « en faucille » et se termine par un prolongement transparent arrondi.

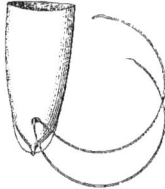

Fig. 2. — Extrémité caudale du mâle d'*A. falcigera* montrant les spicules exsertes et arqués.

Femelle. — Longue de 2ᶜᵐ,5 à 3ᶜᵐ,2, sur 1 millimètre à 1ᵐᵐ,1 d'épaisseur. L'extrémité postérieure se termine en un cône mousse, mais sans appendice véritable ; elle présente deux petites papilles latérales à 80 μ de sa pointe. L'anus s'ouvre à 300 μ de cette extrémité, la vulve à 6 millimètres de l'extrémité antérieure, c'est-à-dire vers le cinquième antérieur du corps, sans bourrelet appréciable de la cuticule.

Les œufs, subglobuleux, mesurent 70 à 80 μ.

Le nom que nous donnons à cette espèce rappelle la forme caractéristique « en faucille » de la terminaison des spicules.

Nous pensons que l'*Ascaris falcigera* a déjà été vu par von Linstow (9) chez le *Stenorhynchus leptonyx*, de la Géorgie du Sud, mais confondu par lui avec *A. osculata* Rud. La longueur des spicules (3ᵐᵐ,7) et le dessin qu'il donne de l'extrémité caudale du mâle — sauf les papilles, qui ne semblent pas avoir été vues avec netteté — se rapportent assez bien à notre espèce. Le dessin figure en effet deux ailes latérales très nettes, — alors que dans *A. osculata* il n'en existe pas à proprement parler, — et des spicules exsertes et arqués.

Pour nous faire une opinion précise sur ce point, nous avons cherché à étudier directement les exemplaires qui ont servi de base à la description de von Linstow et qui sont conservés au Museum d'Histoire naturelle de Hambourg. Mais les spécimens qui nous ont été très aimablement communiqués par M. le D' Michaelsen se rapportent uniquement à *A. osculata*, et le mâle ne ressemble nullement à la figure de von Linstow.

Nous sommes donc amenés à penser que les parasites du *Stenorhynchus leptonyx* devaient comprendre deux espèces mélangées : *A. osculata* Rud. et *A. falcigera* n. sp., et que von Linstow a figuré sans y prendre garde une extrémité du mâle de notre espèce.

L'*Ascaris falcigera* a été récolté deux fois par l'Expédition du « Français » dans l'estomac de deux espèces de Phoques : *Omnatophoca Rossi* Gray et *Leptonychotes Weddelli* Less.

Dans les deux cas, les parasites étaient fixés à la muqueuse en nombre si considérable qu'ils la recouvraient d'un véritable gazon touffu.

Voici les renseignements qui accompagnaient ces récoltes :

N° 708. — Estomac d'un Phoque de Ross (*Omnatophoca Rossi* Gray), n° 5, île Booth-Wandel, décembre 1904.

Avec quelques *A. decipiens* Krabbe.

Dans l'intestin, des Cestodes.

N° 710. — Estomac d'un Phoque de Weddel (*Leptonychotes Weddelli* Less.), n° 7, île Booth-Wandel, décembre 1904.

Avec *A. decipiens* Krabbe, *A. osculata* Rud. et *A. stenocephala* n. sp.

Dans l'intestin, des Cestodes et des Acanthocéphales (*Corynosoma sipho* n. sp.).

Ascaris stenocephala n. sp.
(Fig. 3 ; Pl. 1, fig. 8-12.)

Corps brunâtre, cylindroïde, atténué aux deux extrémités. Cuticule striée tranversalement et longitudinalement de façon à former de petits carrés de 5 à 6 μ. de côté.

La bouche est munie de trois lèvres principales et de trois lèvres intermédiaires, dont l'ensemble forme une « tête » plus large que longue et *plus étroite* que la partie antérieure du corps.

Les lèvres sont munies de « joues » très étroites. Les principales portent des papilles simples ; les intermédiaires (Pl. I, fig. 11) possèdent une partie libre (*ab*) étroite, légèrement recourbée vers l'intérieur, et *plus longue* que la moitié de la longueur totale (*ac*) de la lèvre.

La région du *cou* va s'élargissant en arrière et se trouve séparée du corps par une sorte de ressaut brusque. La cuticule forme environ 18 plis circulaires.

Pas d'ailes cervicales ; une paire de papilles à 800 µ de l'extrémité buccale.

Œsophage *long* ($3^{mm},7$) *et étroit* (350 à 400 µ), avec un prolongement cæcal ; il existe aussi un cæcum intestinal qui remonte sur les trois cinquièmes environ de la longueur de l'œsophage.

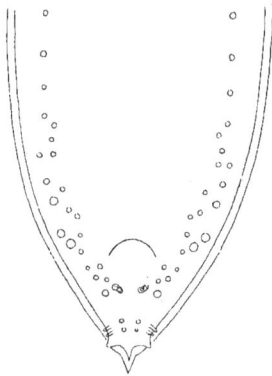

Fig. 3. — Disposition des papilles caudales chez le mâle d'*Ascaris stenocephala*.

Mâle. — Long de $2^{cm},5$ à 3 centimètres, large de 1 millimètre.

Extrémité caudale enroulée sur elle-même, terminée par un petit appendice conique long de 35-40 µ.

Les faces latérales de l'extrémité caudale sont plutôt légèrement vésiculeuses que munies d'ailes. On trouve deux papilles latérales assez volumineuses à 70 µ de la pointe caudale.

La face ventrale est pourvue d'au moins cinquante paires de papilles courtement fusiformes, réparties ainsi de chaque côté et d'arrière en avant :

1° Près de la pointe caudale, un groupe de quatre papilles sur deux rangs ; les papilles du rang externe sont *aussi rapprochées* que celles du rang interne ;

2° Une double papille à 160 μ environ de la pointe caudale et distante de 60 μ de celle du côté opposé ;

3° Une série de dix-huit à vingt-trois papilles débutant au niveau ou un peu en arrière de la papille double et se prolongeant au delà du cloaque. Ces papilles sont disposées sur deux ou trois rangs plus ou moins irréguliers ; on compte ordinairement dans ce groupe cinq papilles postanales ;

4° Une file de papilles s'atténuant en avant et dont le nombre approximatif est de vingt à vingt-cinq.

Deux spicules un peu inégaux, longs de 5 millimètres à 7^{mm},5, généralement non exsertes, quelquefois un peu et inégalement sortis par le cloaque situé à 260 μ de la pointe caudale. Terminaison des spicules sans courbure, à pointe mousse.

Femelle. — Longue de 3 à 4 centimètres, large de 1^{mm},4 environ. L'extrémité postérieure conique présente latéralement deux papilles à 110 μ.

L'anus s'ouvre à 500 μ. La vulve est située vers le quart antérieur du corps, sans proéminence marquée des téguments.

Les œufs mesurent 70 à 80 μ.

Le nom de l'espèce est tiré de l'étroitesse de la tête relativement à l'extrémité antérieure du corps.

L'*Ascaris stenocephala* a été récolté quatre fois par l'Expédition Charcot : une fois chez *Stenorhynchus leptonyx* Blainv. et trois fois chez *Leptonychotes Weddelli* Less.

Dans chacun de ces cas, les échantillons étaient peu nombreux et libres.

N° 6. — Estomac d'un Léopard de mer [*Stenorhynchus (Ogmorhina) leptonyx* Blainv.], baie des Flandres, latitude 64°, 7 février 1904.

N° 218. — Estomac d'un Phoque de Weddel (*Leptonychotes Weddelli* Less.), île Booth-Wandel, Port Charcot, 24 mars 1904.

Avec *A. decipiens* Krabbe et *A. osculata* Rud.

N° 629. — Estomac d'un Phoque de Weddel (*L. Weddelli* Less.) très adulte, île Booth-Wandel, 4 novembre 1904.

Avec *A. decipiens* Krabbe et *A. osculata* Rud.

Dans l'intestin existaient en même temps des Cestodes et des Acanthocéphales (*Coryuosoma sipho* n. sp.).

N° 710. — Estomac d'un Phoque de Weddel (*L. Weddelli* Less.), n° 7,
île Booth-Wandel, décembre 1904.

Avec *A. decipiens* Krabbe, *A. osculata* Rud. et *A. falcigera* n. sp.

Dans l'intestin, des Cestodes.

*
**

En outre des Ascarides de Phoque, nous avons eu à examiner :

N° 171. — Un Nématode de 15 centimètres trouvé dans une Némerte
(*Cerebratulus Charcoti* Joubin) de 30 centimètres prise à la ligne à
20 mètres, île Booth-Wandel, 15 mars 1904.

Malheureusement, le parasite est indéterminable, l'échantillon ne
possédant pas ses extrémités.

N° 808. — Une larve d'*Ascaris* sp. enkystée sous le péritoine d'un
poisson à nageoires jaunes (*Notothenia coriiceps* Richardson), pêché par
30 mètres, 6 février 1905.

Il est assez curieux que la Mission n'ait pas recueilli de Nématodes
chez les Pingouins, Oiseaux rencontrés cependant en très grande
abondance au cours de l'Expédition.

II. — ACANTHOCÉPHALES.

Les Acanthocéphales recueillis représentent une seule espèce du genre *Corynosoma*, espèce nouvelle d'ailleurs et que nous décrirons sous le nom de *C. sipho*.

Le genre *Corynosoma* a été créé, en 1905, par Max Lühe (10), pour les Echinorynques dont le corps est en massue et dont les testicules sont symétriquement placés.

A l'exception de *C. hystrix* des Palmipèdes, les espèces vivent presque toutes chez les Mammifères ichtyophages et en particulier les Pinnipèdes :

Corynosoma strumosum (Rud.), chez *Phoca vitulina*, *Ph. hispida*, *Ph. annulata*, *Ph. fœtida*, *Halichærus grypus*, *Delphinus phocæna ;*

C. hamanni (v. Linstow, 1892), chez *Stenorhynchus leptonyx ;*

C. bullosum (v. Linstow, 1892), chez *Cystophora proboscidea ;*

C. reductum (v. Linstow, 1905), chez *Phoca fœtida*.

Les espèces *C. Hamanni* et *C. bullosum* (11) sont seules de la faune antarctique.

Corynosoma sipho n. sp.
(Fig. 4 ; Pl. I, fig. 13-19.)

Le corps, dans son ensemble, a la forme d'une courte pipe anglaise. Il est renflé en avant en une portion sphérique déprimée, par côté, à sa partie antérieure, en un disque convexe du centre duquel émerge le rostre ; il s'amincit d'autre part en une queue oblique cylindroïde.

La partie renflée mesure environ $2^{mm},5$ de large sur 3 millimètres de long et $2^{mm},5$ à 3 millimètres d'épaisseur. La queue est longue de $1^{mm},5$ à 2 millimètres, large de 1 millimètre à sa naissance et d'environ $0^{mm},5$ à son extrémité.

Tout le corps est revêtu d'aiguillons chitineux, sauf sur la calotte de la partie renflée, qui est opposée au rostre.

Celui-ci, légèrement conique, mesure 0^{mm},8 à 1 millimètre de long sur 400 μ de large à la base et 300 μ au sommet.

Il est armé de 21-22 rangées transversales de 11 crochets disposés en quinconce, ce qui répond exactement à 22 rangées longitudinales de 11 crochets.

Dans le premier tour, les crochets sont très ouverts, effilés, aigus ; puis l'ouverture et la longueur du crochet proprement dit diminuent progressivement à mesure qu'on se rapproche de la base du rostre. La racine est plus courte et plus épaisse dans les tours du centre.

Voici, du reste, le tableau résumant les dimensions des diverses formes de crochets :

	Crochet.	Racine.	Épaisseur.	Angle.
1er tour	95 μ	60 μ	16 μ	76°
2e —	85 μ	57 μ	18 μ	37°
3e —	80 μ	56 μ	20 μ	25°
4e —	78 μ	55 μ	21 μ	23°
5e —	76 μ	54 μ	22 μ	22°
6e —	75 μ	56 μ	23 μ	22°
7e —	74 μ	60 μ	24 μ	22°
8e —	73 μ	62 μ	24 μ	21°
9e —	70 μ	65 μ	23 μ	20°
10e —	67 μ	68 μ	23 μ	20°
11e —	65 μ	65 μ	22 μ	20°

Suivant la méthode de De Marval (12), nous mesurons : la *longueur du crochet proprement dit* de la pointe au coude ; la *longueur de la racine*, depuis le coude jusqu'à l'extrémité ; l'*épaisseur*, au niveau du coude ; l'*ouverture*, par l'angle formé entre les faces intérieures du crochet et de la racine.

A la base du rostre, les crochets dont il vient d'être question font place sans transition aucune à des aiguillons grêles, sans racine et disposés en trois ou quatre rangées transversales.

Le *mâle* diffère de la femelle par sa partie renflée moins volumineuse et par sa queue plus longue. Sa longueur totale varie de 4 à 6 millimètres. La bourse copulatrice terminale est très rarement évaginée.

La *femelle* mesure de $3^{mm},5$ à 5 millimètres. Son extrémité postérieure, légèrement recourbée en arrière, présente deux petits mamelons latéraux.

Les œufs sont oblongs, à trois coques, dont la médiane, épaisse, s'étire aux deux pôles pour former une boucle non fermée. Ils mesurent 145 à 160 μ de long sur 40 à 55 μ de large.

Cette espèce, qui tire son nom de sa forme générale, doit être très voisine du *Corynosoma Hamanni* (v. Linstow, 1892) et de *C. reductum* (v. Linstow, 1905). Elle en diffère surtout par sa forme et par le nombre des crochets du rostre.

Fig. 4. — OEuf de *Corynosoma sipho*, grossi 250 fois.

Le « Français » a récolté des centaines d'exemplaires de *Corynosoma sipho* dans l'intestin de plusieurs *Leptonychotes Weddelli* Less.

N° 107. — Intestin d'un Phoque de Weddel (*Leptonychotes Weddelli* Less.), île Booth-Wandel, latitude 65°,5, 8 mars 1904.

Des centaines d'exemplaires fixés à la muqueuse.

N°° 472-473. — Intestin d'un Phoque de Weddel (*L. Weddelli* Less.), île Booth-Wandel, 18 juin 1904.

Quelques exemplaires.

N° 629. — Intestin d'un Phoque de Weddel (*L. Weddelli* Less.) très adulte, île Booth-Wandel, 4 novembre 1904.

Avec des Cestodes.

Dans l'estomac : *Ascaris decipiens* Krabbe, *A. osculata* Rud. et *A. stenocephala* n. sp.

N° 706. — Intestin d'un Phoque de Weddel (*L. Weddelli* Less.), n° 6, île Booth-Wandel, décembre 1904.

N° 710. — Intestin d'un Phoque de Weddel (*L. Weddelli* Less.), n° 7, île Booth-Wandel, décembre 1904.

Avec des Cestodes.

Dans l'estomac : *Ascaris decipiens* Krabbe, *A. osculata* Rud., *A. falcigera* n. sp. et *A. stenocephala* n. sp.

III. — Tableau des Némathelminthes parasites recueillis au cours de l'Expédition du D' J. Charcot, avec indication de leurs hôtes.

ORDRES	PARASITES	HÔTES
Nématodes......	Ascaris decipiens Krabbe.	Leptonychotes Weddelli Less. Omnatophoca Rossi Gray.
	Ascaris osculata Rud.	Leptonychotes Weddelli Less. Lobodon carcinophaga Homb. et Jacq.
	Ascaris falcigera n. sp.	Leptonychotes Weddelli Less. Omnatophoca Rossi Gray.
	Ascaris stenocephala n. sp.	Leptonychotes Weddelli Less. Stenorhynchus leptonyx Blainv.
Acanthocéphales.	Corynosoma sipho n. sp.	Leptonychotes Weddelli Less.

IV. — Tableau des diverses espèces de Phoques chez lesquels ont été récoltés les Némathelminthes parasites.

HÔTES	PARASITES	ORDRES
Stenorhynchus leptonyx Blainv.	Ascaris stenocephala n. sp.	Nématodes.
Lobodon carcinophaga Homb. et Jacq.	Ascaris osculata Rud.	
Omnatophoca Rossi Gray.	Ascaris decipiens Krabbe. — falcigera n. sp.	
Leptonychotes Weddelli Less.	Ascaris decipiens Krabbe. — osculata Rud. — falcigera n. sp. — stenocephala n. sp Corynosoma sipho n. sp.	Acanthocéphales.

BIBLIOGRAPHIE.

1. Stiles (Ch.-W.) and Hassall (A.), Internal Parasites of the Fur Seal. *The Fur Seals and Fur Seal Islands of the North Pacific Ocean*, part. III, Washington, 1899, p. 99-177.

2. Von Linstow, Helminthen der Russischen Polar-Expedition, 1900-1903. *Résultats scientifiques de l'Expédition polaire russe en 1900-1903*. Section E : Zoologie, vol. I, liv. I. Saint-Pétersbourg, 1905, p. 2, Pl. I, fig. 7-10.

3. Id., Report on the Entozoa collected by « H. M. S. Challenger ». *Report on the scientific results of the voyage of « H. M. S. Challenger » during the years 1873-1876*. Zoology, vol. XXIII, part LXXI, p. 2.

4. Monticelli, Elenco degli Elminti raccolti dal capitano G. Chierchia durante il viaggio di circumnavigazione della R. Corvetta « Vettor Pisani ». *Boll. Soc. nat. Napoli*, III, fasc. I, p. 69.

5. Von Linstow, Helminthologische Untersuchungen. *Arch.f. Naturg.*, Bd. XLVI, I, p. 41.

6. Baird, *Catalogue of the species of Entozoa, or Intestinal Worms, contained in the collection of the British Museum*. London, 1853, p. 19.

7. Parona, Catalogue M. S. (cité par Stiles et Hassall, *loc. cit.*, n° 1, p. 152).

8. Von Linstow, Die Nematoden. *Fauna Arctica* v. Römer u. Schaudinn, Bd. I, Iena, 1900, p. 131.

9. Id., Helminthen von Süd-Georgien. *Jahrb. d. Hamb. Wiss. Anstalten*, IX, 2, 1892, p. 8-9, Pl. II, fig. 11-16.

10. Max Lühe, Geschichte und Ergebnisse der Echinorhynchen-Forschung bis auf Westrumb (1821). *Zoologische Annalen*, 1905, I, p. 234.

11. Von Linstow, *loc. cit.*, n° 9, p. 10-11, Pl. II-III, fig. 17-24, 36-38.

12. De Marval, Monographie des Acanthocéphales d'Oiseaux. *Revue suisse de zoologie*, t. XIII, 1905, p. 221-222.

EXPLICATION DE LA PLANCHE I.

Fig. 1. — *Ascaris falcigera*, mâle, grandeur naturelle.
Fig. 2. — *Ascaris falcigera*, femelle, grandeur naturelle.
Fig. 3. — Extrémité céphalique d'*A. falcigera*.
Fig. 4. — Une papille labiale double d'*A. falcigera*.
Fig. 5. — Une lèvre intermédiaire d'*A. falcigera*, vue de côté: *ab*, partie libre *plus courte* que la moitié de la longueur totale *ac*.
Fig. 6. — Terminaison d'un spicule d'*A. falcigera*.
Fig. 7. — Fragment de muqueuse stomacale d'*Omnatophoca Rossi* Gray, couvert d'*A. falcigera* de tous âges.

Fig. 8. — *Ascaris stenocephala*, mâle, grandeur naturelle.
Fig. 9. — *Ascaris stenocephala*, femelle, grandeur naturelle.
Fig. 10. — Extrémité céphalique d'*A. stenocephala*.
Fig. 11. — Lèvre intermédiaire d'*A. stenocephala*, vue de côté : *ab*, partie libre *plus longue* que la moitié de la longueur totale *ac*.
Fig. 12. — Terminaison d'un spicule d'*A. stenocephala*.

Fig. 13. — Mâle de *Corynosoma sipho*, vu de côté, grossi 10 fois.
Fig. 14. — Extrémité caudale de mâle de *C. sipho* avec la bourse copulatrice évaginée.
Fig. 15. — Femelle de *C. sipho*, grandeur naturelle.
Fig. 16. — Femelle de *C. sipho*, vue de côté, grossie 10 fois.
Fig. 17. — Femelle de *C. sipho*, vue de face, grossie 10 fois.
Fig. 18. — Fragment de tégument de *C. sipho* revêtu d'aiguillons.
Fig. 19. — Disposition des crochets suivant une génératrice latérale du rostre de *C. sipho*.

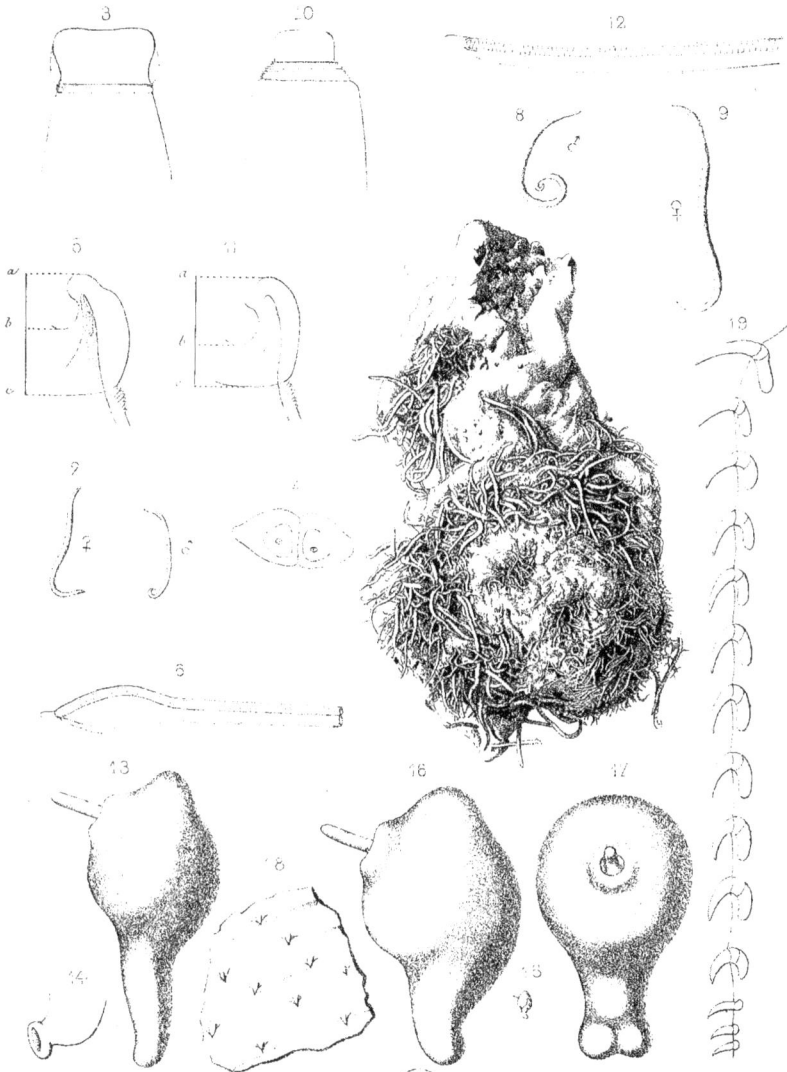

Némathelminthes parasites.

Masson & C.ᵉ Éditeurs

SOUS PRESSE :

ROULE.................................... *Alcyonaires.*
MÉNÉGAUX................................ *Oiseaux.*

Corbeil. — Imprimerie ED. CRÉTÉ

www.ingramcontent.com/pod-product-compliance
Lightning Source LLC
Chambersburg PA
CBHW050009100426

42739CB00011B/2571